Mónica Fuentes Carbonetto

Anorgasmia femenina y otros trastornos sexuales en la mujer

uentes Carbonetto

Anorgasmia femenina y otros trastornos sexuales en la mujer

Factores de origen, mantención y cambio desde
un punto de vista integrativo

Editorial Académica Española

Impresión
Informacion bibliografica publicada por Deutsche Nationalbibliothek: La Deutsche Nationalbibliothek enumera esa publicacion en Deutsche Nationalbibliografie; datos bibliograficos detallados estan disponibles en Internet en http://dnb.d-nb.de.
Los demás nombres de marcas y nombres de productos mencionados en este libro están sujetos a la marca registrada o la protección de patentes y son marcas comerciales o marcas comerciales registradas de sus respectivos propietarios. El uso de nombres de marcas, nombres de productos, nombres comunes, nombres comerciales, descripciones de productos, etc incluso sin una marca particular en estos publicaciones, de ninguna manera debe interpretarse en el sentido de que estos nombres pueden ser considerados ilimitados en materia de marcas y legislación de protección de marcas, y por lo tanto ser utilizados por cualquier persona.

Imagen de portada: www.ingimage.com

Editor: Editorial Académica Española es una marca de
LAP LAMBERT Academic Publishing GmbH & Co. KG
Heinrich-Böcking-Str. 6-8, 66121 Saarbrücken, Alemania
Teléfono +49 681 3720-310, Fax +49 681 3720-3109
Correo Electronico: info@eae-publishing.com

Publicado en Alemania
Schaltungsdienst Lange o.H.G., Berlin, Books on Demand GmbH, Norderstedt,
Reha GmbH, Saarbrücken, Amazon Distribution GmbH, Leipzig
ISBN: 978-3-8473-5330-0

Imprint (only for USA, GB)
Bibliographic information published by the Deutsche Nationalbibliothek: The Deutsche Nationalbibliothek lists this publication in the Deutsche Nationalbibliografie; detailed bibliographic data are available in the Internet at http://dnb.d-nb.de.
Any brand names and product names mentioned in this book are subject to trademark, brand or patent protection and are trademarks or registered trademarks of their respective holders. The use of brand names, product names, common names, trade names, product descriptions etc. even without a particular marking in this works is in no way to be construed to mean that such names may be regarded as unrestricted in respect of trademark and brand protection legislation and could thus be used by anyone.

Cover image: www.ingimage.com

Publisher: Editorial Académica Española is an imprint of the publishing house
LAP LAMBERT Academic Publishing GmbH & Co. KG
Heinrich-Böcking-Str. 6-8, 66121 Saarbrücken, Germany
Phone +49 681 3720-310, Fax +49 681 3720-3109
Email: info@eae-publishing.com

Printed in the U.S.A.
Printed in the U.K. by (see last page)
ISBN: 978-3-8473-5330-0

Índice

INTRODUCCIÓN

Nadie sabe a ciencia cierta dónde comienza y dónde termina la vivencia de lo sexual, los territorios del deseo, del placer y de la frustración. Sí, en cambio, parece haber cierto acuerdo con que estas fronteras sobrepasan las paredes del "dormitorio", permeando otros ámbitos del ser de una persona (sus afectos, sus relaciones, sus pensamientos, la concepción general que se llega a tener de sí mismo) e incluso transgreden los límites impuestos por la propia biología (haciendo "sentir" más allá de las terminaciones nerviosas, y permitiendo "sentirse" más allá de la anatomía con la que se nace).

Esta permeabilidad intrínseca de la sexualidad implica entenderla (y entender así también sus dificultades) como el resultado de una ecuación personal que incorpora diversas variables. Asimismo, supone reconocerle un potencial no sólo de disfrute específico sino –en tanto se pueda vivir de manera placentera e integrada a la propia identidad- capaz de aportar felicidad a las personas y también de constituirse como un factor protector ante otros obstáculos o estresores humanos.

Ahora bien, la sexualidad femenina ha estado históricamente cubierta por un manto de ignorancia y mitología del cual las propias mujeres –y también sus compañeros sexuales- son víctimas permanentes. Esta falta de información alcanza incluso a los propios psicoterapeutas, que enfrentan diariamente a pacientes con dudas o trastornos que dañan no sólo esa privada esfera de sus vidas, sino –desde ahí- su autoconcepto general y sus relaciones con otros. Por ello, la posibilidad de revisitar este tema desde una mirada supraparadigmática se plantea como un aporte sustancial en la tarea de integrar los hallazgos existentes y entregar lineamientos que permitan generar estrategias terapéuticas fundamentadas y a la medida de las personas.

La ausencia de orgasmo genera en la gran mayoría de las mujeres frustración, baja autoestima y desvalorización, sentimientos que las más de las veces se traspasan a sus parejas, quienes se sienten "incapaces" de hacerlas disfrutar sexualmente. Aún cuando los datos de prevalencia no son claros[1], sí parece haber acuerdo que la anorgasmia es una de las dos disfunciones sexuales más frecuentes en las mujeres (la otra es la falta de deseo) (Allende, 2009; Jarpa, 2009). Dicha realidad plantea un importante reto para el ejercicio clínico de la psicología, éste es, lograr sacar a la luz los problemas sexuales de nuestros pacientes cuando existan y les afecten –ya que muchos de los trastornos en el ámbito sexual no forman parte de los motivos de consulta manifiestos- y tratarlos eficazmente para minimizar el daño que pueden generar en ellos y en sus parejas.

Ya sea para conocer mejor y más integralmente a nuestros pacientes, para reportar sus dificultades como síntomas de otros problemas (por ejemplo, disminución del deseo sexual en un trastorno depresivo mayor) o para establecerlos derechamente como problemas de atención clínica en el Eje I (por ejemplo, Trastorno Orgásmico Femenino Primario), la sexualidad puede y debe ser materia a abordar dentro de un proceso de psicoterapia.

El presente libro[2] tiene como propósito general describir comprensivamente y sistematizar las características centrales del Trastorno Orgásmico Femenino desde el prisma que nos ofrece el Enfoque Integrativo Supraparadigmático (EIS).

En el CAPÍTULO I se realizará un registro de aquellos elementos conceptuales y modelos básicos que permiten entender la respuesta sexual humana, sus complejidades, controversias y posibles alteraciones (con énfasis en lo referente a la mujer).

---

[1] Datos de prevalencia en Chile y otros países se revisarán en el marco teórico expuesto en el Capítulo II, Sección 2.2: "Prevalencia"

[2] Este trabajo ha sido elaborado sobre la base de la tesis de la autora para optar al Grado Académico de Magíster en Psicología Clínica con Mención en Psicoterapia Integrativa, impartido por el Instituto Chileno de Psicoterapia Integrativa y la Universidad Adolfo Ibáñez.

En el CAPÍTULO II se describirán los tipos de disfunciones sexuales femeninas y se ofrecerá una revisión de cifras de prevalencia disponibles en Chile.

En el CAPÍTULO III se presentará el resultado de un trabajo de sistematización de factores de origen, mantención y cambio del Trastorno Orgásmico en la mujer desde la perspectiva de cada uno de los seis paradigmas (biológico, ambiental-conductual, cognitivo, afectivo, inconsciente y sistémico) que conforman el EIS.

En el CAPÍTULO IV se revisarán los caminos más usados para tratar los trastornos sexuales femeninos en general y la anorgasmia en particular, y las estrategias psicoterapéuticas que ofrecen la literatura especializada y la práctica clínica en el tema.

Finalmente, en el CAPÍTULO V se incluirán algunas reflexiones finales que puedan ayudar a comprender cómo se afecta el Self en pacientes que sufren trastornos sexuales, específicamente anorgasmia, y a converger en un marco comprensivo y de cambio más eficaz y eficiente.

Es importante señalar que el trabajo que a continuación se desarrollará, está circunscrito especialmente a los trastornos sexuales en personas heterosexuales, esto debido a que existe poco material tanto bibliográfico como de registros clínicos referidos a mujeres homosexuales con trastornos orgásmicos. Lo anterior no significa que el desafío deba esquivarse; muy por el contrario, la tarea de avanzar en comprender las disfunciones sexuales en poblaciones homosexuales adquiere cada vez más relevancia clínica.

I.
MUJER Y SEXUALIDAD

1.1. LA RESPUESTA SEXUAL HUMANA

1.1.1. El modelo tradicional

La fisiología de la respuesta sexual humana es hoy materia de conocimiento general y de profusas investigaciones alrededor de todo el planeta. Sin embargo, fue fundamentalmente gracias al trabajo emprendido en los años 60 por William Masters y Virginia Johnson, médico y científica de la conducta de la Facultad de Medicina de la Universidad de Washington en Saint Louis, que la respuesta sexual humana no sólo fue estudiada sino descrita, y los aportes posteriores de Helen Singer Kaplan, sexóloga psicoanalista del Centro Médico de la Universidad de Cornell en Nueva York, complementaron y enriquecieron el entendimiento que hasta hoy se tiene de ella.

El trabajo de estos autores -y de quienes les han proseguido- permite entender la respuesta sexual como un proceso compuesto de etapas consecutivas y relativamente distintas. Estas etapas son:

Etapa 1: Deseo

Inicialmente no incluida por Masters y Johnson e incorporada años después por Kaplan, la fase de deseo ha sido descrita como "un estado mental normalmente activado e insatisfecho, de intensidad variable, creado por estímulos externos (por medio de las modalidades sensoriales) o internos (fantasía, recuerdo, cognición) que inducen a sentir o a necesitar o a querer acometer una actividad sexual para satisfacer esa necesidad" (Levin en Graziottin, 2000).

En otras palabras, esta fase consiste en fantasías sobre la realización de una actividad sexual y/o el anhelo de establecer un contacto sexual (Butcher et al, 2007), anhelo que se alimenta biológicamente a partir de las dinámicas hormonales propias de cada sexo, de la segregación de sustancias odoríferas propias de los mamíferos que estimulan y desencadenan respuestas sexuales en el sexo opuesto (Kaplan, 1978), y de estímulos táctiles, como el besar y el acariciar, y visuales, como el observar o fantasear con situaciones de contenido sexual (Butcher et al, 2007).

Etapa 2: Excitación

La fase de excitación puede durar desde minutos a horas, y se caracteriza por el inicio de sensaciones eróticas y por cambios fisiológicos concomitantes, tales como la erección del pene en los varones y la lubricación vaginal y la erección del clítoris en las mujeres (Butcher et al, 2007). Las manifestaciones de tensión sexual incluyen también una reacción somática generalizada de vasocongestión y miotonía; y además, mientras que el cuerpo se prepara para la tensión concomitante del coito, se aceleran los procesos respiratorios, aumenta el ritmo cardíaco y se incrementa la presión arterial (Kaplan, 1978).

En el hombre, la fase de excitación se caracteriza además porque el escroto se hace más espeso y el saco escrotal se ensancha y se espesa, mientras los testículos comienzan a elevarse debido al acortamiento de los cordones espermáticos (Kaplan, 1978).

En la mujer, esta fase se caracteriza también por una vasocongestión general de la piel, la erección de los pezones, el aumento del tamaño de los pechos y una respuesta genital local, consistente en la lubricación vaginal. Segundos después de iniciarse la excitación, se presenta un trasudado en las paredes de la vagina como consecuencia de la dilatación del plexo venoso circunvaginal; este trasudado lubrica el introito y la vagina comienza a dilatarse y a abombarse para poder alojar al pene. A medida que la mujer se excita, además, el útero aumenta de tamaño debido a la vasodilatación y trepa fuera de la cavidad pélvica, quizás con la finalidad biológica de colocar el cuello en una posición que aumente las posibilidades de fertilización (Kaplan, 1978).

Etapa 3: Meseta

La fase de meseta es una etapa que ya no se suele incorporar en los modelos de respuesta sexual actual (Manzo et al, 2004) ya que es, en esencia, un estado de excitación más avanzado, que dura entre 30 segundos y 3 minutos, inmediatamente anterior al orgasmo, durante el cual la respuesta vasocongestiva local de los órganos sexuales primarios alcanza su máximo en ambos sexos.

En el hombre, el pene se llena y se distiende con sangre hasta alcanzar los límites de su capacidad. Los testículos también se encuentran llenos de sangre y alcanzan un tamaño de un 50% más grande que su estado basal; éstos se elevan y se sitúan cerca del perineo (Kaplan, 1978).

En la mujer, durante la fase de meseta, se producen cambios fisiológicos también atribuibles, en gran medida, a la vasocongestión. La piel general se torna rojiza, los labios menores de la vagina se hinchan y colorean y se forma una lámina espesa de tejido congestionado –que rodea la entrada y la porción más baja de la vagina-, y que Master y Johnson denominaron "plataforma orgásmica" (Masters & Johnson, 1967). Además, durante esta etapa, el útero alcanza su máxima altura a partir del suelo pélvico y el tercio exterior de la vagina se halla muy dilatado. Finalmente, e inmediatamente antes del orgasmo, el clítoris gira 180 grados y se retrae en posición plana por detrás de la sínfisis pubiana (Kaplan, 1978).

Etapa 4: Orgasmo

En esta etapa se produce una liberación de la tensión sexual y se alcanza un punto culminante de placer sexual u orgasmo (Butcher et al, 2007). El orgasmo consiste en una serie de contracciones reflejas involuntarias y rítmicas que, en la mujer, involucran los músculos perineales, vulvares y pubococcígeos, a un intervalo de 0,8 segundos, y deviene cuando la estimulación del clítoris o la presión de la pared vaginal o cerviz provocan que la tensión corporal y la hinchazón pélvica se intensifiquen hasta llegar al climax[3]. Es entonces cuando se experimenta hiperventilación, taquicardia y pérdida del control muscular voluntario (Masters & Johnson, 1967).

Los orgasmos duran aproximadamente entre 3 y 15 segundos, y se asocian a menudo con otras acciones involuntarias, incluyendo contracciones musculares en otras regiones del cuerpo, con sentimientos de euforia y con vocalizaciones reflejas. En las mujeres el útero también se contrae, sin embargo, muchas de ellas no son completamente conscientes de las contracciones uterinas, aunque a veces se da una sensación placentera, vaga y difusa debida probablemente a la percepción de estas respuestas (Kaplan, 1978; Berman en Pasqualotto et al, 2005).

El orgasmo masculino ha sido descrito por Masters y Johnson a partir de dos componentes: el primero consiste en contracciones de los órganos internos y señalan la sensación de "inevitabilidad de la eyaculación". Las subsiguientes contracciones rítmicas de la uretra peneana y de los músculos de la base del pene y del perineo constituyen el segundo componente, y son experimentadas como el orgasmo propiamente tal (Masters & Johnson, 1967; Kaplan, 1978).

Existen reportes de orgasmos masculinos sin eyaculación (los llamados "orgasmos secos"), como también se conoce de situaciones en que la eyaculación se produce sin la vivencia subjetiva del placer (conocidos como los "orgasmos anhedónicos"). Finalmente, también se han reportado orgasmos sin erección ni eyaculación ("orgasmos fantasmas"), pero éstos últimos casi exclusivamente en pacientes con traumatismos medulares o paraplejías (Lucas & Cabello, 2006).

---

[3] Los roles que juegan el clítoris y la vagina en la generación de la respuesta orgásmica de la mujer han sido ampliamente debatidos a lo largo de la historia, y se expondrán en la Sección 1.2 de este mismo capítulo.

Etapa 5: Resolución

La fase de resolución constituye la última fase del ciclo de la respuesta sexual humana y está marcada por la vuelta al estado de no excitación, con la disminución de las respuestas fisiológicas locales específicas del sexo y del soma en general. El ritmo cardíaco, la presión arterial, la respiración y la vascularidad de la piel vuelven a un nivel de pasividad después del orgasmo y se siente una sensación general de relajación y bienestar (Kaplan, 1978).

En el hombre, los testículos sufren inmediatamente una detumescencia y descienden a su posición baja y fría. El pene –tras el vaciamiento de sangre de sus cuerpos cavernosos- regresa lentamente al estado de flaccidez en dos etapas: primero se reduce aproximadamente a casi la mitad de su tamaño tras el orgasmo y, al cabo de media hora, vuelve por completo a su tamaño inicial (Kaplan, 1978).

En la mujer, durante la etapa de resolución, el clítoris vuelve a su posición normal 5 o 10 segundos después del orgasmo. Se da una detumescencia rápida de la plataforma orgásmica, pero la vagina puede tardar de 10 a 15 minutos en volver a su estado de relajación y de palidez, mientras que el orificio cervical continuará abierto durante 20 a 30 minutos después del orgasmo. Durante este período, el útero completa su descenso en la pelvis y el cuello de la matriz desciende hacia la fosa seminal (Kaplan, 1978). Además, aproximadamente la tercera parte de todas las mujeres desarrollan una película delgada de sudor sobre el pecho, espalda, muslos y tobillos, y también sobre la frente, labio superior y axilas. Estas reacciones no están condicionadas a la actividad física de las fases anteriores y corren de forma paralela a la intensidad del orgasmo (Masters & Johnson, 1967).

Las mujeres, por lo general y a diferencia de los hombres, no penetran en la fase del periodo refractario, permaneciendo capaces de regresar a la fase más temprana de la respuesta sexual. Así, si el estímulo sexual que produjo el primer orgasmo es continuado o vuelto a aplicar, las mujeres pueden experimentar nuevos orgasmos (Masters & Johnson, 1967).

En el siguiente cuadro se resumen las principales características fisiológicas de la respuesta sexual humana, tal y como se han descrito tradicionalmente para las mujeres:

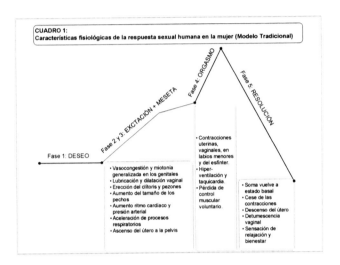

CUADRO 1:
Características fisiológicas de la respuesta sexual humana en la mujer (Modelo Tradicional)

1.1.2. Un modelo alternativo

La descripción por etapas consecutivas de la respuesta sexual, propia del modelo tradicional, ha sido durante los años ampliamente criticada, ya que – sostienen quienes la cuestionan- al normar como equivalentes en su respuesta sexual a hombres y mujeres, determinó –con criterios que fueron adquiriendo un carácter normativo y estricto- lo que debiera ser la respuesta sexual esperable en ambos. Se entendió, entonces, que quienes no cumplían estas etapas fisiológicas tenían una sexualidad incompleta o inmadura, y hoy se sabe que no es así. Y que no es poco frecuente que las mujeres no lleguen al orgasmo en todos sus coitos, sin que por ello sean anormales o no obtengan ninguna satisfacción.

A partir de esta crítica es que –en los últimos años- se ha propuesto incluir una fase adicional de la respuesta sexual humana, de nombre "satisfacción", que ayude a discriminar mejor cuando los pacientes realmente experimentan una disfunción sexual y cuando no (Pasqualotto et al, 2005).

Rosemary Basson (2000) y Beverly Whipple (2002), dos investigadoras en sexualidad, plantearon modelos circulares para explicar la respuesta sexual femenina, a diferencia del proceso lineal que ellas consideran 'masculino' — deseo, excitación y orgasmo—. Según las autoras, la mujer en realidad sigue un patrón circular de respuesta sexual, en el que se puede arrancar por diferentes puntos: intimidad, estimulación sexual, excitación, evaluación adecuada de la excitación, deseo, experiencia sexual satisfactoria, intimidad (González, 2009).

Un concepto nuevo que es importante en estos modelos alternativos es que el deseo por el sexo no necesariamente precede a la estimulación sexual. De acuerdo a Basson y su "modelo basado en la intimidad", las mujeres sólo a veces, y fundamentalmente al principio de las relaciones, practican el sexo para satisfacer una auténtica necesidad o deseo "sexual". En general, tienen otras razones para ser sexualmente activas o receptivas: sentirse emocionalmente cercanas a sus parejas, mostrar amor y afecto, compartir placer físico, sentirse atractivas, fortalecer su compromiso o, simplemente, relajarse. Frecuentemente las mujeres entrarían en una experiencia sexual a través de un estado de neutralidad y por razones "basadas en la intimidad" buscan o se muestran receptivas a estímulos sexuales que pueden llevarlas potencialmente a un estado de excitación. Este modelo plantea que el deseo puede ser un componente en la respuesta sexual pero no es indispensable para la excitación sexual o para que ocurra el orgasmo. Muchas veces, más bien, sería la excitación la que desencadenaría el deseo y la necesidad de continuar con la experiencia para liberar la tensión sexual; asimismo, el orgasmo no es necesariamente el punto final de la experiencia sexual. Del mismo modo que las motivaciones para comenzar el encuentro sexual están "basadas en la intimidad", también lo están los fines, que vuelven a estar definidos en términos de bienestar emocional y no sólo "orgásmicos" (Basson, 2000).

El modelo de Basson da cuenta de las dificultades que experimentan muchas mujeres a la hora de distinguir entre deseo y excitación, y del hecho de que a menudo haya problemas con ambos simultáneamente. A través de él, la autora y sus seguidores buscan avanzar en una gestión holística de las disfunciones sexuales femeninas (González, 2009).

1.2. EL ORGASMO FEMENINO

1.2.1. Definición

Aunque estemos de acuerdo en que el orgasmo no es el fin último ni indispensable de cada experiencia que conforma la sexualidad femenina, es muy probable que también lo estemos en que sí es irreemplazable e indispensable a la hora de tener una vida sexual plena (Politzer & Weinstein, 2005).

Pero ¿de qué hablamos cuando hablamos de orgasmo? Probablemente para una mujer que ha experimentado sistemáticamente el orgasmo a lo largo de su vida esta pregunta no tenga sentido ni utilidad, pero cuando alguien no ha experimentado nunca el orgasmo ¿cómo podría reconocerlo o diferenciarlo de, por ejemplo, un muy alto nivel de excitación?

La mayoría de los especialistas en sexualidad reconoce que el orgasmo para ambos sexos constituye una respuesta corporal total aunque no pueda expresarse que todos los orgasmos sean básicamente lo mismo. La cualidad de un orgasmo, es decir, la intensidad, duración y placer global, puede variar de un coito a otro, y son las mujeres quienes más comúnmente reportan esta variabilidad. Sin embargo, una mirada desde diferentes disciplinas puede ayudar a entender este fenómeno.

Desde el punto de vista de la fisiología:

Los fisiólogos son ciertamente los más capaces para describir y caracterizar muchos de los cambios concomitantes que ocurren en el cuerpo femenino con un orgasmo. Como hemos visto, la mayor parte de este conocimiento proviene de las observaciones y descripciones realizadas por Masters y Johnson durante la época de los 60. Ellos distinguieron diferentes cambios físicos que ocurren antes, durante y justo después de un orgasmo, algunos de los cuales son más posibles de observar y otros menos. Entre los cambios que ocurren antes de que comience el orgasmo, Masters y Johnson incluyeron el aumento de los latidos cardiacos, de la presión sanguínea y del ritmo respiratorio. También hablaron de cambios en el color de los labios menores desde un suave rosa a un rojo profundo. Durante el orgasmo lo más característico son las contracciones pélvicas y uterinas que van asociadas con un profundo placer erótico. Después del orgasmo, describieron la dramática caída de la presión sanguínea, de los latidos cardiacos y de la respiración, usualmente acompañada de sensaciones de relajo y bienestar (Masters & Johnson, 1966). Estas contracciones se reconocen hoy en día como la condición "sine qua non" para asegurar que una mujer ha tenido un orgasmo (Levin, 2004).

El orgasmo, en algunas mujeres, es acompañado además por la emisión de un líquido –mezcla de orina y algunos fluidos que, aunque sorprendente, se encuentran comúnmente en el semen masculino- proveniente de las glándulas uretrales, parauretrales y conductos de Skene (órgano al que se suele denominar la "próstata femenina"). Este fenómeno, conocido como "la eyaculación femenina", se ha asociado históricamente a la estimulación del Punto G; no obstante, las evidencias en esa dirección aún son controversiales (Rabinerson & Horowitz, 2007) y los estudios demuestran que no es prerrequisito para la consecución del orgasmo en la mujer (Skafik et al, 2009). Se ha hipotetizado que la función de la "eyaculación femenina" es proveer protección contra eventuales infecciones urinarias producto de la actividad sexual (Moalem & Reidenberg, 2009).

Desde el punto de vista de la <u>endocrinología</u>:

Aunque silenciosa para la percepción humana, la acción de diversas hormonas y neurotrasmisores ha sido descrita como requisito para el orgasmo femenino: los estrógenos, que son los encargados de mediar la respuesta sexual a través del sistema nervioso central y periférico, el Péptido Intestinal Vasoactivo (VIP, por su sigla en inglés) que ejerce acción moduladora en la vasodilatación y que aumenta la lubricación de la vagina; el neuropéptido Y, cuya acción es favorecer la venoconstricción; y el óxido nítrico, cuya acción es ejercida también a través de los cuerpos cavernosos del clítoris (Butcher et al, 2007). Recientemente, además, un aumento en la secreción de prolactina ha sido propuesto como señal determinante específico para sostener que un orgasmo ha tenido lugar en el cuerpo de una mujer. Sin embargo, no se ha podido demostrar que no sea en realidad la estimulación de los pezones durante el acto sexual lo que causa el incremento de la prolactina y no el orgasmo en sí (Levin, 2004).

Desde el punto de vista de la <u>neurobiología</u>:

Los modelos actuales de la función sexual reconocen un rol combinado de los procesos centrales (espinal y cerebral) y periféricos durante la experiencia del orgasmo. A nivel central, aunque se acepte que la médula espinal es la que conduce el orgasmo, la función cerebral y las representaciones cognitivas en el orgasmo femenino están recién comenzando a estudiarse (Bianchi-Demicheli & Ortigue, 2007). Sin embargo, los avances en neuroimagen están permitiendo examinar el aumento o disminución de los flujos sanguíneos en las distintas regiones cerebrales (rCBF) y comprender así qué áreas son las que están envueltas en el orgasmo. Hasta el momento, y con las investigaciones "en pañales", se reconoce que el orgasmo femenino genera una disminución de rCBF en el cortex prefrontal y en el lóbulo temporal izquierdo. Además, los análisis parecen revelar que el núcleo del cerebelo estaría involucrado en las contracciones musculares propias del orgasmo mientras que el mesencéfalo ventral y el núcleo caudado derecho jugarían un rol en la liberación de dopamina durante el clímax (Georgiadis et al, 2006).

1.2.2. Evolución histórica

A principios del Siglo XX y durante gran parte de la primera mitad de éste, la aproximación clínica a los problemas sexuales derivaba en gran medida de los estudios de Freud y consideraba a las disfunciones sexuales como una manifestación de desórdenes psicopatológicos graves, síntomas de un conflicto de la personalidad profundamente arraigado y que reflejaban la influencia de fuerzas libidinales inconscientes que debiendo avanzar madurativamente por distintas zonas erógenas (oral, anal y genital) no lo hacían (Freud, 1905).

En lo que respecta a la respuesta orgásmica femenina, ésta estaba determinada por las zonas erógenas imperantes en cada etapa de la vida y pasaba, por tanto, por dos fases: la primera clitoridiana y la segunda vaginal. Los orgasmos clitorídeos, por tanto, eran considerados inmaduros –reflejo de una neurosis profunda- y era el orgasmo vaginal el que expresaba un comportamiento sexual saludable. Freud decía que cuando la transferencia de la excitabilidad erógena desde el clítoris a la entrada de la vagina queda establecida, había cambiado la mujer la zona directiva de su posterior actividad sexual. En las dificultades para este cambio yacían, por tanto, las condiciones principales para la facilidad de adquisición de la neurosis en la mujer, especialmente de la histeria (Freud, 1905).

Casi 50 años después que Freud publicara estas ideas en sus Tres Ensayos sobre una Teoría Sexual, fueron el zoólogo Alfred C. Kinsey (1953) y sus colaboradores quienes avanzaron en el entendimiento de la sexualidad humana, esta vez acumulando datos empíricos y cuantitativos que pudieran representar a la población total de Estados Unidos. Criticado por su validez científica, pero con la legitimidad social otorgada por la gran cantidad de entrevistas realizadas (6.300 varones y 5.940 mujeres), Kinsey logró sacar a la luz comportamientos que hasta entonces habían permanecido en la más estricta intimidad y de los cuales no se hablaba ni en la comunidad científica ni en la sociedad. Su informe ayudó a desterrar mitos y evidenció que conductas que hasta entonces la mayoría consideraban marginales o incluso inmorales, eran practicadas por un porcentaje considerable de la población, como fue el caso de la masturbación e infidelidad tanto femenina como masculina, la homosexualidad y bisexualidad o la temprana edad de iniciación sexual. Respecto al reflejo orgásmico femenino, Kinsey reveló que –a diferencia de los hombres- éste se alcanzaba escasamente en la pubertad y que cerca de la mitad de las mujeres llegaba a la adultez sin haber experimentado nunca un orgasmo durante el coito. El autor fue enfático en sostener su disconformidad con que esta realidad bastara para catalogar a las mujeres de frígidas o neuróticas –contradiciendo los postulados de Freud- ya que, según él, la capacidad orgásmica más que vinculada a conflictos intrapsíquicos estaba vinculada a una adecuada estimulación física y psicológica, que muchas veces tardaba años en lograrse por la falta de técnica de los involucrados en el acto sexual (Kinsey, 1953).

El siguiente gran paso en develar aspectos desconocidos de la sexualidad humana lo dieron William H. Masters y Virginia E. Johnson, médico y científica de la conducta de la Facultad de Medicina de la Universidad de Washington, quienes, en 1966, se hicieron famosos a escala internacional con la publicación de su libro "Respuesta Sexual Humana". La obra, que describía su trabajo de observación y registro de la actividad sexual humana en su laboratorio de Saint Louis, permitió avanzar sustantivamente tanto en el conocimiento de la fisiología de la sexualidad humana como de sus disfunciones. Los autores estudiaron y describieron la respuesta sexual femenina en cuatro fases (las cuales fueron expuestas en capítulos anteriores de este mismo documento) y plantearon que existe sólo un tipo de orgasmo femenino –clitorídeo- declaración que, aunque hoy genera bastante adhesión, todavía provoca controversia en algunos sectores de la sociedad (Masters & Johnson, 1967). Asimismo, demostraron que, si bien las disfunciones sexuales pueden ser causadas por trastornos orgánicos y/o psicopatológicos profundos, en muchos casos pueden presentarse en personas que se hayan libres de patología psicológica, y que el problema se enraíza en situaciones puntuales o inmediatas como pueden ser las autoexigencias reales o autoimpuestas que muchas personas enfrentan al momento de realizar el acto sexual (estableciendo así una frontera entre las disfunciones y las desviaciones sexuales, siendo las primeras transitorias y experimentadas por mucha gente) (Masters & Johnson, 1970).

Algunos años más tarde, en el Informe Hite, la investigadora norteamericana Shere Hite presentó los resultados de una larga y exhaustiva encuesta en la que le preguntó a más de 3.000 mujeres acerca de sus experiencias sexuales y reveló que el 70% de ellas no habían tenido orgasmos mediante la penetración, pero eran capaces de alcanzar el orgasmo fácilmente mediante la masturbación u otras estimulaciones clitoridianas. Según lo que reveló el informe, sólo un 30% de las mujeres participantes en el estudio habían experimentado alguna vez un orgasmo durante el transcurso del coito. Sin negar que tanto Kinsey como Masters y Johnson han constituido un paso crucial en la investigación sexual, Hite sostuvo que hasta entonces los investigadores, lanzados a la búsqueda de normas estadísticas, habían formulado todo tipo de preguntas erróneas y habían terminado, con demasiada frecuencia, diciendo a las mujeres qué debían sentir en vez de preguntarles qué es lo que sentían. Hite criticó el hecho de que limitar los tests a mujeres "normales" que notificaban orgasmos durante el coito estaba basado en el falso supuesto de que tener un orgasmo durante el coito era algo típico, cosa que su propio estudio rechazó vehementemente. Fue así como la autora reinvindicó el rol de la masturbación como fuente de placer femenino, aunque habitual y lamentablemente va acompañado de un sentimiento de culpabilidad heredado de la idea impuesta por la cultura de que el disfrute femenino debe subordinarse al disfrute masculino (Hite, 1976).

En esa misma línea y contemporánea a Hite, Anne Koedt, en su ensayo "El mito del orgasmo vaginal", planteó que históricamente se había buscado el origen de la frigidez en suposiciones falsas de la anatomía femenina y que la mujer madura sexualmente que alcanzaba el orgasmo a través de la penetración vaginal era la creación de las preferencias sexuales masculinas. Según ella, en cambio, la experiencia demostraba que aunque hay muchas zonas erógenas, sólo existe una para el clímax: el clítoris (Koedt, 1968). Ya lo había dicho Kinsey años atrás: el clítoris no tendría otra función que la del placer sexual; la vagina, en cambio, tendría funciones asociadas a la reproducción, principalmente la menstruación, la recepción del pene, la retención del semen y el canal del parto. El interior de la vagina, que de acuerdo con los defensores del orgasmo vaginal es el centro y productor del orgasmo, está, "como casi todas las demás estructuras corporales internas, pobremente abastecida de órganos terminales sensoriales. El origen endodérmico interno del recubrimiento vaginal la hace similar al recto y a otras partes del tracto digestivo" (Kinsey, 1953, p. 580).

Koedt planteó también que las mujeres debían redefinir su sexualidad "y crear nuevas pautas que tomen en cuenta el goce sexual mutuo. (…) Aún cuando la idea del goce sexual mutuo es liberalmente aplaudida en los manuales sobre el matrimonio, ésta no se sigue hasta su conclusión lógica. Debemos comenzar a exigir que si ciertas posiciones, que ahora se califican de "estándar", no conducen a ambos al orgasmo, ya no sean calificadas como tales. Deben usarse o inventarse nuevas técnicas para transformar este aspecto particular de nuestra explotación sexual presente" (Koedt, 1968, p. 255).

Algunos años después, Helen Singer Kaplan, postuló que más que responder a la pregunta de si el orgasmo es clitorídeo o vaginal, el cuestionamiento debiera ser formulado de la siguiente manera: ¿es la estimulación vaginal o clitorídea la que produce el orgasmo en la mujer? Según la autora, es la estimulación del clítoris la que produce normalmente el orgasmo y, prueba de esto, es que la masturbación en las mujeres se dirige casi siempre al clítoris, siendo muy pocas las que intentan producirse el orgasmo insertándose objetos en la vagina. Kaplan sostuvo que aunque sea placentera, la estimulación vaginal en si misma no produce una respuesta orgásmica, a menos que se halle acompañada de fantasías muy eróticas, con lo cual el orgasmo poseería un carácter más psicológico que fisiológico (Kaplan, 1978).

Kaplan en su libro "La Nueva Terapia Sexual" se detuvo a recordarnos que el orgasmo es ante todo un reflejo y que, como tal, tiene un componente sensorial (estimulación clitorídea) y otro motor (contracciones vaginales), y fue enfática en sostener que era absurdo tratar de dividir esos componentes. Al respecto dijo: "A un médico nunca se le ocurriría preguntar a una persona si parpadea debido a la córnea o a los párpados. Todo médico sabe que el punto desencadenante del reflejo del parpadeo se halla en la cornea, que está inervada por la rama sensorial del quinto nervio craneal. Sabe también que la manifestación motórica del parpadeo se realiza a través de los músculos del párpado, que se hallan inervados por la rama motórica del séptimo nervio craneal, vale decir, el facial. (…) De la misma manera, los datos sugieren que el reflejo del orgasmo femenino se haya desencadenado por la estimulación de ciertas terminaciones sensoriales del clítoris, lo cual se vivencia como muy placentero y erótico e impulsa a la mujer a intentar que la estimulación continúe. El orgasmo, por otra parte, se expresa mediante el espasmo motórico de los músculos vaginales y circunvaginales, que se hayan inervados por otros nervios. Es también una experiencia muy placentera y erótica, que se suele localizar de una manera difusa cerca de la vagina y en la pelvis profunda" (Kaplan, 1978, p. 58).

Tanto los estudios de Masters y Johnson, como los escritos de Kaplan, sostuvieron que a diferencia del hombre, quien es refractario a la estimulación sexual, la mujer -si aún mantiene su aparato genital en la fase de meseta- puede volver a ser estimulada segundos después del primer orgasmo, para tener otros orgasmos, hasta que quede físicamente exhausta o no desee más estimulación (Kaplan, 1974). Estas revelaciones, sin embargo, prontamente pasaron a formar parte de la vasta mitología que a la larga terminó jugando en contra de la propia sexualidad femenina, en la medida que hizo que muchas mujeres se sintieran inadecuadas o disfuncionales al no experimentar la multiorgasmia (Pasqualotto et al, 2005).

Algunos años después, se sumó un nuevo tema de controversia a la discusión sobre la sexualidad femenina y su capacidad orgásmica. Este surgió a partir de los estudios del ginecólogo alemán Ernst Gräfenberg, quien en 1950 había descrito una pequeña zona ubicada en el área suburetral de la pared anterior a la vagina que con el tiempo, y en honor a su "descubridor", terminó siendo conocido como Punto G. Esta zona, según lo revelado por Gräfenberg, tendría una alta sensibilidad erógena y los orgasmos surgidos de la estimulación del Punto G se relacionarían con la eyaculación femenina, aunque tales conjeturas ya entonces parecían ser difíciles de comprobar. Lo cierto es que en 1982, Ladas, Whipple y Perry popularizaron esta zona y con ello se reforzó nuevamente la idea de que el verdadero camino a la plenitud se hallaba al interior de la vagina, porque sólo desde ahí se lograba estimular el Punto G (Politzer & Weinstein, 2005).

1.2.3. Actualizaciones

Aún en nuestros días son innumerables las mujeres que se sienten raras, anormales o defectuosas porque no logran encajar en lo que suponen es una sexualidad normal y se califican como frígidas por el simple hecho de no lograr experimentar multiorgasmos, no encontrar su Punto G o por tener orgasmos sólo mediante estimulación clitorídea. Revisemos en qué status están estos temas en la actualidad.

Más de 20 años después de que se recogieran evidencias a favor de la cualidad multiorgásmica de la mujer, hoy en día éste no es tema de controversia, pero sí de cautela a la hora de generalizar esa cualidad. Un recorrido general por los pocos estudios contemporáneos existentes, permite aseverar que menos de la mitad de las mujeres afirma haber experimentado orgasmos múltiples (Darling, 1991; Kratochvil, 1993), lo que deja entrever que la gran mayoría vive su sexualidad con orgasmos únicos, al menos gran parte de su vida.

Respecto al Punto G, los estudios actuales confirman las desconfianzas de antaño, ya que no logran dar con evidencia fisiológica ni anatómica (o sólo con evidencia discreta) para respaldar su existencia (Hines, 2001; Rabinerson & Horowitz, 2007; Jannini et al, 2010), y sostienen además que cerca de la mitad de las mujeres no reportan tener Punto G o al menos encontrarlo (Burri et al, 2010; Jannini et al, 2010).

Según Politzer y Weinstein (2004), respecto a la naturaleza menor que algunos adjudican al orgasmo clitorídeo respecto al vaginal, dicha creencia descansa en las convicciones masculinas que no dan crédito a que sea posible que el pene no sea indispensable para llegar al clímax (Politzer & Weinstein, 2004). La evidencia, por su parte, sigue avalando que la gran mayoría de las mujeres reconoce alcanzar el orgasmo a partir de la estimulación clitorídea y que ni su satisfacción sexual ni la psicológica debiera ser cuestionada por esto (Eschler, 2004). La bióloga Elizabeth Lloyd, por su parte, intentando desmitificar que el orgasmo femenino tenga alguna función evolutiva, publicó en el 2005 un libro en que analizaba 32 estudios sobre la frecuencia del orgasmo femenino durante el coito, y en él llegó a la conclusión de que sólo el 25% de las mujeres lo experimentaba a menudo durante el acto sexual y sin estimulación de su clítoris, lo que confirma el rol clave que juega este órgano en la llegada al clímax (Lloyd, 2005).

Sea la vanidad machista o no la que esté a la base de esta controversia, lo cierto es que hoy en día aún surgen miradas que diferencian el orgasmo vaginal del clitorídeo y que afirman que el primero es superior al segundo. Un estudio publicado por la British Association for Sexual and Relationship Therapy afirma que, entre una muestra de 1.256 mujeres suecas, los resultados fueron significativos en demostrar que, de ellas, quienes alcanzaban el orgasmo sólo con la estimulación del pene en la vagina (en oposición al orgasmo por estimulación clitorídea) se sentían más satisfechas con su vida sexual, tenían mejores relaciones de pareja y con amigos, sentían más deseo sexual y tenían mejor salud mental general (Brody, 2007). Evidentemente estos datos pueden ser significados de maneras distintas a la dirección con que lo hacen los autores del estudio. En primer lugar es altamente posible que las respuestas de las mujeres de la muestra estén influidas por las asociaciones que históricamente se ha dado al orgasmo "clitorídeo" (el orgasmo "primitivo"). En segundo lugar, el que no haya estimulación clitorídea directa y evidente no significa que con los movimientos propios del coito el clítoris no esté efectivamente recibiendo la estimulación necesaria para desencadenar la respuesta orgásmica.

Con todo, el autor del estudio cita a otras voces que sostienen que "minimizar el orgasmo vaginal es uno de los mayores daños al placer que ha hecho la civilización occidental" (Pery en Brody, 2007, p. 187) y que promover la estimulación clitorídea entrena al cerebro a recibir un tipo de activación que estereotipa la respuesta orgásmica y aleja a las mujeres de la posibilidad de alcanzar el orgasmo vaginal (Slimp en Brody, 2007).

Habrá que estar atentos para ver si en el futuro aparece evidencia válida que respalde estas afirmaciones.

II.

DISFUNCIONES SEXUALES Y ANORGASMIA FEMENINA

2.1. Definiciones

Las disfunciones sexuales

La Organización Mundial de la Salud en su actual Clasificación Internacional de Enfermedades -CIE-10- define la disfunción sexual (DF) como las diversas formas en que un individuo es incapaz de participar en las relaciones sexuales tal como lo desea (OMS, 2007). Por su parte, la Asociación Americana de Psiquiatría, en la última versión disponible de su Manual Diagnóstico y Estadístico de los Trastornos Mentales - DSM-IV-TR- las define como "las alteraciones en el deseo sexual así como cambios en la psicofisiología que caracteriza el ciclo de respuesta sexual y que causan disturbios y dificultades interpersonales" (APA, 2002)[4].

Ambas definiciones, y muchas que avanzan en la misma línea, aluden a un deterioro tanto en el deseo sexual como en la capacidad para satisfacer ese deseo, y reconocerán que si bien el deterioro puede ser muy variado, influirá negativamente sobre ambos miembros de la pareja, sea ésta heterosexual u homosexual (Butcher et al, 2007). Además, basarán sus sistemas de

---

[4] Tanto esta definición como la nomenclatura utilizada para clasificar los diferentes tipos de disfunciones sexuales femeninas (DSF) de la APA han sido criticadas por diversos autores. Entre los principales cuestionamientos que se le hacen están el ser una clasificación basada en una falsa noción de equivalencia en la respuesta sexual entre hombres y mujeres, el no ponderar las condiciones políticas y económicas en que se desarrolla la experiencia sexual femenina (incluyendo pobreza, acceso a la salud y diversas formas de violencia física y sexual) y el no considerar las dinámicas relacionales en las cuales los encuentros sexuales tienen lugar (Tiefer et al, 2002). Asimismo, se acusa que las categorías DSM asumen implícitamente que sexo es igual a coito y que, entre las disfunciones, no se incorporan aquellas que pueden afectar a la comunidad homosexual, tales como la aversión al sexo oral y las dificultades asociadas al sexo anal (Goodwach, 2005). Sin desmerecer estas visiones, la presente tesis se ceñirá –en sus definiciones- a los códigos APA, por ser el referente común de la práctica clínica en nuestro país. En los capítulos siguientes, sin embargo, el análisis de la anorgasmia y del resto de las DSF se basará en el Enfoque Integrativo Supraparadigmático, que ofrece justamente la posibilidad de revisitar estos temas desde una perspectiva integral de los fenómenos psicológicos.

clasificación y el catálogo de diagnósticos posibles de trastornos sexuales en el ciclo de respuesta sexual antes expuesto (descrito inicialmente por Masters y Johnson y complementado posteriormente por Kaplan).

El trastorno orgásmico femenino

El trastorno orgásmico femenino, según la denominación del DSM-IV-TR, es uno de los diversos tipos de disfunciones sexuales que pueden experimentar las mujeres, y se caracteriza por:

A.   La ausencia o retraso persistente o recurrente del orgasmo durante la relación sexual y tras una fase de excitación normal. Como las mujeres muestran una amplia variabilidad en el tipo o intensidad de la estimulación que desencadena el orgasmo, el diagnóstico de trastorno orgásmico femenino debe efectuarse cuando la opinión médica considera que la capacidad orgásmica de una mujer es inferior a la que correspondería por edad, experiencia sexual y estimulación sexual recibida.

B.   Un malestar acusado a raíz de dicha alteración o dificultad en las relaciones interpersonales.

C.   La imposibilidad de explicar mejor el trastorno por la presencia de otro trastorno del Eje I (excepto otro trastorno sexual) o por los efectos fisiológicos exclusivos y directos de una sustancia (por ejemplo, drogas o fármacos) o una enfermedad médica (APA, 2002).

No obstante la determinación con que éstos criterios son planteados por la Asociación Americana de Psiquiatría para categorizar la disfunción orgásmica, lo cierto es que en la práctica el diagnóstico de dicho trastorno no es tan simple.

La primera dificultad surge al reconocer que para muchas mujeres orgasmo no es sinónimo de placer, y que miles de ellas tienen orgasmos pero están insatisfechas y no califican sus relaciones como una fuente de gratificación. Al respecto, Politzer y Weinstein confirman que una mujer puede experimentar un tremendo desagrado después de haber llegado al orgasmo, si es que éste se produjo a partir de una relación rápida, apurada y mecánica (Politzer & Weinstein, 2004). Esto mismo parece tener un efecto en la dirección contraria. Es decir, una mujer puede no llegar al orgasmo durante una relación sexual y no sentir desilusión alguna; más aún, algunos autores sostienen que no es raro que las mujeres toleren un cierto nivel de disfunción sexual antes de considerarse realmente insatisfechas en sus relaciones (Pasqualotto et al, 2005).

El diagnóstico del trastorno orgásmico femenino se complica todavía más por el solapamiento de co-morbilidades de índole sexual o no (Labrador, 2001; Meston & Frohlich, 2001; Manzo et al, 2004) y por el hecho de que la calidad subjetiva del orgasmo puede variar muy ampliamente en las mujeres, pero también porque para una misma mujer puede cambiar en momentos diferentes de su vida y con diferentes tipos de estimulación (Butcher et al, 2007). La mayoría de los clínicos coinciden en que una mujer con un trastorno orgásmico duradero requiere tratamiento, sin embargo, hay otros que sostienen que lo mejor que se puede hacer es dejar que sea la propia mujer la que decida si necesita tratamiento. "Si no está satisfecha con su propia respuesta sexual y existe una razonable probabilidad de que el tratamiento pueda ayudarla, entonces quizás sería bueno intentarlo" (Butcher et al, 2007, p. 456).

Finalmente, las alteraciones del orgasmo pueden diferenciarse en subtipos, cuya disquisición resulta ser muy relevante a la hora no sólo de diagnosticar el problema sino también de determinar los énfasis del tratamiento y pronosticar su evolución. Estos subtipos son:

• Anorgasmia primaria, para casos en los cuales nunca se ha experimentado el orgasmo y, pese al interés de la persona, no se logran experimentar.

• Anorgasmia secundaria o "adquirida", para casos en que, luego de haberse experimentado el orgasmo ya sea en encuentros sexuales o vía masturbación, no se logran volver a experimentar.

- Anorgasmia <u>generalizada</u>, para casos en que la falta de orgasmo ocurre en todas las situaciones, con todas las parejas.

- Anorgasmia <u>específica</u>, para casos en que la mujer experimenta orgasmos en algunas situaciones, pero no los experimenta cuando y con quien a ella le gustaría.

(APA, 2002; Manzo et al, 2004; Pasqualotto et al, 2005; Butcher et al, 2007).

Otros trastornos sexuales femeninos

Como hemos visto, no es raro que el trastorno orgásmico femenino se dé en co-morbilidad con otras disfunciones sexuales, siendo muy posible que esto se deba a que, en ocasiones, el problema en la consecución del orgasmo es en realidad producto de dificultades asociadas a fases anteriores de la respuesta sexual. Por ello, es necesario comprender la respuesta sexual de manera integrada y manejar correctamente los criterios que describen las demás disfunciones y las causas que podrían explicarlas, no sólo para hacer diagnósticos diferenciales, sino porque muchas veces atacando una de ellas, se logra avanzar en la resolución de las siguientes.

La APA —en un notable paralelismo con la clasificación CIE-, distingue otras cinco disfunciones sexuales femeninas (DSF). Estas son:

- <u>Deseo sexual hipoactivo:</u> Se trata de la disfunción más frecuente entre las mujeres y se caracteriza por la disminución o ausencia de fantasías y deseo de actividad sexual, de manera persistente o recurrente.

- <u>Trastorno por aversión al sexo:</u> Corresponde a un segundo tipo de trastorno del deseo, y se caracteriza por la total ausencia de interés por el sexo y aversión (con evitación) extrema persistente o recidivante hacia todos o prácticamente todos los contactos sexuales con una pareja sexual.

• Trastorno de la excitación sexual femenina: Denominado históricamente y con tintes peyorativos *frigidez*, consiste en la ausencia de excitación sexual ante cualquier tipo de estimulación erótica, lo que de alguna manera supone la contrapartida al trastorno eréctil masculino. Su principal manifestación física es que no se produce la característica lubricación de la vulva ni de los tejidos de la vagina durante la estimulación sexual, lo que a su vez hace muy molesta la penetración.

• Dispareunia: La característica esencial de este trastorno es un dolor genital persistente durante el coito (que si bien puede darse por factores psicológicos, tiene una importante base orgánica, ya sea por infecciones o patologías estructurales de los órganos sexuales). Evidentemente, la dispareunia suele ir asociada a la anorgasmia (aunque no es una regla), ya que el dolor dificulta la excitación y puede generar trastornos aversivos concomitantes.

• Vaginismo: La característica esencial del vaginismo es la aparición persistente o recurrente de espasmos involuntarios de los músculos perineales del tercio externo de la vagina, impidiendo la introducción del pene (y usualmente, también de los dedos, los tampones o los espéculos) (APA, 2002; Butcher et al, 2007).

El siguiente cuadro resume las principales características de los trastornos sexuales femeninos descritos:

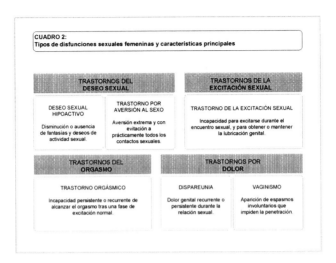

CUADRO 2:
Tipos de disfunciones sexuales femeninas y características principales

TRASTORNOS DEL DESEO SEXUAL

DESEO SEXUAL HIPOACTIVO

Disminución o ausencia de fantasías y deseos de actividad sexual.

TRASTORNO POR AVERSIÓN AL SEXO

Aversión extrema y con evitación a prácticamente todos los contactos sexuales.

TRASTORNOS DE LA EXCITACIÓN SEXUAL

TRASTORNO DE LA EXCITACIÓN SEXUAL

Incapacidad para excitarse durante el encuentro sexual, y para obtener o mantener la lubricación genital.

TRASTORNOS DEL ORGASMO

TRASTORNO ORGÁSMICO

Incapacidad persistente o recurrente de alcanzar el orgasmo tras una fase de excitación normal.

TRASTORNOS POR DOLOR

DISPAREUNIA

Dolor genital recurrente o persistente durante la relación sexual.

VAGINISMO

Aparición de espasmos involuntarios que impiden la penetración.

Para el diagnóstico de disfunciones sexuales existen innumerables instrumentos. Uno de los más usados en USA y en Chile es el Índice de Función Sexual Femenina (IFSF), que el Dr. Blümel, presidente de la Sociedad Chilena de Climaterio y director de la Red Latinoamericana de Investigación en Climaterio, considera como el "patrón de oro" para estudiar los problemas de disfunción sexual femenino (Blümel, 2009)[5].

2.2. Prevalencia

La revisión de diversos estudios de prevalencia de DSF y del trastorno orgásmico femenino permite constatar una gran variabilidad en los resultados obtenidos. Esto, explican algunos autores, se debe a las diferencias etáreas de

---

[5] La versión original del cuestionario para evaluar el Índice de Función Sexual Femenina (IFSF) se puede encontrar en el artículo "The Female Sexual Function Index (FSFI): A Multidimensional Self-Report Instrument for the Assessment of Female Sexual Function" (Rosen et al, 2000). La versión en español y validada para la población chilena se localiza en el artículo "Índice de función sexual femenina: un test para evaluar la sexualidad de la mujer" (Blümel et al, 2004).

los grupos estudiados, a las distintas definiciones y grados de sintomatología que se consideran requeridas para cada trastorno, a la forma en que se ha seleccionado la muestra y a la variable temporal de los fenómenos estudiados (Lewis et al, 2004). Por ejemplo, en Kimei (2005) se citan dos estudios de prevalencia de trastornos sexuales femeninos realizados en Alemania, los que arrojan resultados cuyas cifras muestran importantes discrepancias: 25% en uno (Dieckmann en Kimei, 2005) y 50% en otro (Geiss en Kimei, 2005). Lewis et al (2004) sostiene que en Estados Unidos, Australia, Inglaterra y Suiza la prevalencia del trastorno orgásmico femenino es del 25% entre los 18 y los 74 años. Lightner, en cambio, alude a estudios que hablan de hasta un 80% de prevalencia (Lightner, 2002).

En Chile, la ginecóloga Patricia Aliaga, jefa de la unidad de Sexualidad Humana del Hospital Clínico de la Universidad de Chile, sostiene que cerca del 50% de las mujeres sufren algún tipo de DS (Aliaga et al, 2000) y que en nuestro país, aún cuando no hay cifras que dimensionen correctamente la anorgasmia femenina, es la tercera causa de las consultas que reciben por disfunciones sexuales (Aliaga, 2005).

Para los efectos de este trabajo, se han seleccionado tres estudios chilenos que permiten conocer algunas de las cifras de prevalencia de DSF que se manejan en nuestro país y el extranjero. Dichos estudios muestran que en esta materia la última palabra aún no está dicha, pero al menos ofrecen una panorámica de los trabajos que en esa dirección se están realizando:

1. El primer estudio es el que realizó un grupo de doctores del hospital de La Serena en el año 2005, quienes estudiaron la prevalencia de DSF en mujeres que asistían al consultorio de Gíneco-Obstetricia de esa ciudad. Con ese fin, aplicaron el IFSF modificado a 217 mujeres, de las cuales 147 (67,7%) reportaron padecer disfunciones sexuales en uno o más de los siguientes aspectos: falla en el deseo sexual (53%), ausencia de orgasmo (37%), falta de lubricación (29%), falta de excitación (25%) y/o dispareunia (18%) (Kimei et al, 2005).

Pese a la alta prevalencia de DSF demostrada, el estudio reveló además que el grado de satisfacción sexual manifestado por las entrevistadas continuaba siendo alto (78, 8%) (Kimei et al, 2005).

2. En el año 2006 se realizó otro estudio, esta vez para conocer la prevalencia de trastornos sexuales en las mujeres controladas en el CESFAM "Rahue Alto" de la ciudad de Osorno. El estudio, de carácter exploratorio, aplicó el IFSF a 105 mujeres en edad reproductiva, para conocer cómo éstas valoraban las dimensiones de deseo, excitación, lubricación, orgasmo, ansiedad anticipatoria y problemas con la penetración vaginal durante el último mes.

El 49,4% de las 89 mujeres que respondieron todas las preguntas reconocieron una función sexual normal. El porcentaje restante (50,6%) refirió algún tipo de disfunción sexual, donde el deseo fue el dominio más frecuentemente alterado (42,8%), seguido del trastorno de la excitación (19,2%), ausencia de lubricación (14,6%), trastorno del orgasmo (12,7%), problemas con la penetración vaginal (8,6%) y ansiedad anticipatoria (12,5%) (Oelrich, 2006).

3. Otro estudio reciente fue el realizado en el 2006 por el psicólogo Jaime Barrientos de la Universidad de Antofagasta, quien utilizó los resultados de la encuesta COSECON (Comportamiento Sexual en el Cono Sur), aplicada a una muestra de más de 5000 personas, y que fue llevada a cabo por la Comisión Nacional del SIDA de Chile y la Agence Nationale de Recherche sur le SIDA de Francia en 1998.

El objeto de análisis de Barrientos fue la satisfacción sexual de los chilenos y su investigación arrojó -entre otros- los siguientes resultados:

• Son los hombres quienes se muestran en mayor porcentaje "muy satisfechos" con las relaciones sexuales que sostienen con sus parejas, alcanzando el 51,8% versus el 44,4% alcanzado por las mujeres. Asimismo, la "insatisfacción" es mayor en mujeres (7,8%) que en los hombres (2,8%), diferencia que se acorta en las generaciones más jóvenes y se amplía en las mayores.

- Respecto a la edad, el porcentaje más bajo de satisfacción de las mujeres se sitúa entre los 60 y 69 años –diversos estudios avalan este mismo hallazgo: Lewis et al, 2004; Blümel, 2004 - y alcanza sus mayores proporciones entre los 20 y 39 años.

- Existe una asociación positiva y significativa entre la satisfacción sexual femenina y variables como niveles de escolaridad, nivel socioeconómico y compartir el hogar con la pareja (ya sea en matrimonio o convivencia). La asociación entre factores económicos y educacionales y sexualidad (específicamente DSF), también ha sido reportado por otros autores (Lightner, 2002).

- La satisfacción sexual femenina, además, apareció en este estudio ligada positivamente a: la frecuencia de la actividad sexual, al haber tenido un orgasmo en la última relación sexual y al repertorio de prácticas sexuales. Al respecto, el estudio muestra que si el repertorio es restringido exclusivamente al sexo vaginal, el porcentaje de satisfacción es más bajo.

- Existen, además, componentes emocionales asociados positivamente a la satisfacción sexual femenina. Estos son: la estabilidad de la relación con la pareja sexual, el estar enamorado de la pareja, los años de vida en pareja (aunque en esta variable los porcentajes alcanzan un peak, para luego decaer cuando la relación lleva muchos años, especialmente en las mujeres), el nivel de exclusividad sexual, la iniciativa compartida, la comunicación de temas íntimos y el horizonte temporal de la relación (Barrientos & Páez, 2006).

III.
EIS Y TRASTORNO ORGÁSMICO FEMENINO

3.1. EL ENFOQUE INTEGRATIVO SUPRAPARADIGMÁTICO (EIS)

En el Congreso Anual de la A.A.B.T. realizado en Washington D.C. en 1983, Roberto Opazo propuso un Modelo Integrativo Supraparadigmático para contribuir a comprender, explicar y predecir la dinámica psicológica en general y sus derivaciones en el ámbito de la psicoterapia. Desde esa época, este modelo viene guiando el accionar teórico y psicoterapéutico del Instituto Chileno de Psicoterapia Integrativa (ICPSI) (Opazo & Bagladi, 2006).

El Enfoque Integrativo Supraparadigmático (EIS) nace al alero del modelo propuesto por Opazo y en respuesta al panorama que ha venido presentando la psicoterapia contemporánea, en términos de una gran divergencia y variedad de enfoques, estrategias clínicas, paradigmas etiológicos, hipótesis y datos de investigación, habiendo tendido muchos de éstos incluso, a ser excluyentes en entre sí; todo esto sumado a una pobre precisión y rigurosidad en las investigaciones y en la aplicación de técnicas (Opazo, 2001).

Así, a la hora de establecer los aportes al cambio, los distintos enfoques tienden a mostrarse más bien empatados, sin sobresalir uno más que otro y las investigaciones concuerdan en que los resultados de la psicoterapia son buenos, pero en términos de las variables inespecíficas y no de las específicas de cada enfoque (Opazo, 2001).

En un intento por hacer algo respecto a los déficit y por potenciar los avances del devenir de la psicología en el último siglo, el EIS busca rescatar consensos y aportes, superar barreras entre diferentes perspectivas teóricas y asumir una actitud menos dogmática, integrando conocimiento donde otros excluyen (Opazo, 2001).

El EIS se propone integrar todo *conocimiento válido* y rescatar toda *fuerza de cambio aportativa*; pero se propone a su vez ser muy *selectivo*, al incorporar solamente conocimientos y estrategias que agreguen valor en términos de *predicción y cambio*. Distinguir el "trigo de la paja" pasa a ser crucial en medio de tanta propuesta, lo cual involucra dejar *muchas* de las propuestas existentes fuera del modelo (Opazo & Bagladi, 2006).

El EIS propone la integración organizada de influencias etiológicas y fuerzas de cambio provenientes de los paradigmas **biológico**, **ambiental-conductual**, **cognitivo**, **afectivo**, **inconsciente** y **sistémico** (que serán desarrollados más ampliamente en apartados posteriores asociados al trastorno orgásmico femenino) en una unidad coherente *supraparadigmática* en la que cada uno de estos paradigmas contribuye a ordenar, seleccionar, validar, guiar, contextualizar, predecir y potenciar el cambio. Estos paradigmas causales básicos y a la vez subsistemas están en permanente interacción recíproca y se organizan en una dinámica psicológica, teniendo como eje integrador al sistema SELF, el cual constituye el punto de confluencia de los subsistemas o paradigmas (Opazo, 2001). El sistema SELF constituye una especie de procesador central de la experiencia humana y para ello se le delimitan 6 funciones específicas:

- **Función de Toma de Conciencia:** referida a la capacidad, calidad y libertad cognitivo/vivencial con que se reconoce la experiencia y el entorno en que ésta ocurre;
- **Función de Identidad:** referida a la capacidad de mantener la identidad a través del tiempo poniendo énfasis tanto en lo cognitivo como en lo afectivo;
- **Función de Significación:** alude a la traducción que realiza el sistema SELF de los *inputs* entregados por cada uno de los subsistemas;
- **Función de Auto-organización:** implica la reconstrucción y reorganización del sistema SELF después del impacto de cada experiencia sobre el sistema total;
- **Función de Búsqueda de Sentido:** relacionada con el significado existencial y el nivel de trascendencia que el sujeto otorga a su vida y acciones; y

- *Función de Conducción de Vida* (anteriormente llamada Control Conductual): referida a la capacidad del individuo para guiar su propia existencia, así como su desarrollo y crecimiento personal

En cada experiencia, el sujeto construye **estímulos efectivos** a partir de la "materia prima" que aporta la estimulación. Se habla de estímulos efectivos para referirse a los estímulos procesados o psicofacturados, que son los que movilizan efectivamente la dinámica psicológica. En cada experiencia, entonces, la persona modifica los estímulos a través del procesamiento y es – a su vez - modificada por éstos a través de la experiencia (Opazo & Bagladi, 2006).

El EIS integra lo nomotético y lo idiográfico, dado que los principios generales (nomotéticos) se organizan y configuran de un modo particular (idiográfico) en cada persona. Es preciso, entonces, conocer los principios y las personas. Plantea, además, que la causalidad lineal simple (A → B) es difícil de encontrar en el complejo territorio psicológico, y que lo que podemos encontrar son en realidad **principios de influencia** del tipo "si A, entonces es más probable B" (A → > Pr. B) (Opazo & Bagladi, 2006).

El siguiente cuadro muestra un Diagrama del EIS. Como se puede ver, P es la persona, C es la conducta abierta, K1 son las consecuencias inmediatas y K2 con las consecuencias mediatas, siendo el eje integrador de P, el Sistema Self, hacia el que convergen los seis paradigmas integrados a través de modalidades causales lineales y circulares (Opazo & Bagladi, 2006).

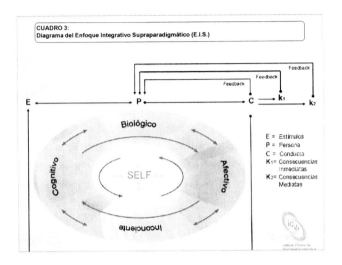

CUADRO 3:
Diagrama del Enfoque Integrativo Supraparadigmático (E.I.S.)

E = Estímulos
P = Persona
C = Conducta
K₁= Consecuencias Inmediatas
K₂= Consecuencias Mediatas

Finalmente, uno de los mayores aportes del EIS es entregar las bases para una Psicoterapia Integrativa que según Opazo (2001) se delimita conceptualmente como:

*"un proceso activo que se desarrolla en un contexto interpersonal. Este proceso es diseñado específica y deliberadamente como medio de influencia, la cual se ejerce a través de la génesis de experiencias novedosas en términos cognitivos, afectivos o conductuales, las que a su vez pueden ser correctivas y/o enriquecedoras. El propósito central de un proceso de Psicoterapia Integrativa es alcanzar objetivos acordados entre paciente y terapeuta. El proceso es conducido por un especialista quien fundamenta su accionar en un Modelo Integrativo Supraparadigmático. La Psicoterapia Integrativa es nutrida por fuerzas de cambio provenientes de los paradigmas biológico, ambiental/conductual, cognitivo, afectivo, inconsciente y sistémico. Estas son fuerzas que han contribuido a la explicación de la génesis de los desajustes psicológicos y a la predicción y al cambio en psicoterapia. Estos **principios de influencia** administrados flexiblemente en un contexto interpersonal y en función de las necesidades y objetivos del paciente, aportan a la psicoterapia materia prima que el sistema SELF del paciente transforma en **estímulo***

efectivo; *esto es, en experiencia movilizadora de cambio. Cuando la situación clínica lo amerita, el psicoterapeuta integrativo complementa la acción de cambio con **técnicas específicas** que apunten a la superación de síntomas o problemas más específicos. La Psicoterapia Integrativa es, por lo tanto, un proceso creativo permanente basado en principios científicos"* (pp. 150-151).

3.2. LA ANORGASMIA FEMENINA DESDE DISTINTOS PARADIGMAS

A continuación se realizará una conceptualización de las principales variables – directas e indirectas- de origen, mantención y cambio del Trastorno Orgásmico Femenino de acuerdo a las investigaciones y principales acuerdos clínicos actuales, las que serán ordenadas a partir de cada uno de los subsistemas paradigmáticos que forman parte del EIS:

3.2.1. Desde el Paradigma Biológico

Desde el EIS, el **paradigma biológico** postula que *"ciertas características específicas genéticas, endocrinas, neuroanatómicas, o bien neurofisiológicas, pueden influir en la génesis de específicas cogniciones, emociones o conductas (las cuales a su vez pueden ser más o menos desajustadas)"* (Opazo, 2001, p. 109), generando una protección o vulnerabilidad hacia la presentación de psicopatología.

Pese a que existen muchos factores biológicos que pueden provocar trastornos sexuales en la mujer, en la gran mayoría de los casos éstos se deben a variables psicológicas y no a causas físicas (Berg, 2009). Aún así, es fundamental conocer aquellas que resultan más determinantes para su padecimiento:

Factores anatómicos:

En primer término, la respuesta sexual femenina depende de unos órganos reproductores anatómicamente intactos –sin mutilación o atrofia- (Lightner, 2002), un adecuando suministro vascular a estos órganos, una regulación nerviosa funcional de los genitales y un sistema hormonal normal (Kaplan, 1978). Si bien –sobretodo en el último tiempo y en base al trabajo con personas con lesiones medulares o mutilación clitorídea- se sostiene que puede lograrse el acto sexual placentero sin un pene, una vagina o un clítoris funcionales, evidentemente la respuesta sexual estará condicionada por los límites físicos impuestos.

En las mujeres, existiría una anomalía llamada adherencia cerrada del prepucio del clítoris, que provoca la experimentación de dolor y congestión al estimular ese órgano, lo que naturalmente interfiere con el placer sexual del orgasmo. La corrección de esta adherencia exige una incisión quirúrgica de la pre-pelvis femenina (Kaplan, 1978).

Factores hormonales:

Una de las causas más frecuentes de los trastornos sexuales femeninos, especialmente referidos a la fase de deseo y excitación que, como ya dijimos, pueden afectar consecuentemente la fase orgásmica, es la deficiencia estrogénica. En ella radica la dificultad para la lubricación vaginal, esencial para que el acto sexual se desarrolle sin dolor, en la medida que su acción vasodilatadora disminuye y los flujos arteriales del clítoris y la vagina también. Además existe evidencia clara que, junto a los estrógenos, la testosterona juega un papel muy importante en la génesis del deseo sexual, y se ha descubierto que las mujeres a las que se priva de toda fuente de andrógenos mediante la ablación quirúrgica de los ovarios y de las suprarrenales, pierden sus impulsos sexuales, dejan de tener fantasías y sueños eróticos y no pueden ser excitadas por una estimulación sexual que anteriormente habría sido eficaz (Kaplan, 1978).

Con la lactancia materna y/o llegada de la menopausia, al disminuir los niveles estrogénicos y de testosterona libre, un número importante de mujeres experimentan disminución de deseo sexual, mayor dolor al tener relaciones sexuales y mayor dificultad para alcanzar el orgasmo (García et al, 2005). Los tratamientos con estrógenos se muestran muy eficaces en la corrección de la atrofia urogenital típica de la menopausia y la sintomatología sexual asociada (dificultad de lubricación, dispareunia), aunque su influencia principal en el deseo sexual es probablemente indirecta (Davis y Sherwin en Pasqualotto et al, 2005; Mas et al, 2007).

Enfermedades físicas:

Muchas son las enfermedades que se asocian a dificultades en la respuesta sexual femenina, aunque pocas son las que cuentan con evidencia que respalde dicha asociación y menos aún las que describen cómo y en qué fase de la respuesta sexual ejercen su influencia. A continuación se presentan las enfermedades físicas asociadas <u>positivamente</u> a DSF respecto a las cuales más acuerdo parece existir, en el entendido que muchas enfermedades que aquí se incluyen, sin tener un efecto directo en la capacidad orgásmica, disminuyen a tal nivel el interés sexual y la capacidad de excitación en una mujer, que el orgasmo se hace completamente inviable. Asimismo, en ocasiones se incluirá evidencia que permita desarticular preconcepciones acerca de determinadas enfermedades o fenómenos físicos que históricamente se han considerado como asociadas a las DSF sin realmente estarlo.

<u>Enfermedades cardiovasculares:</u>

• *Anginas y/o infartos* (Meston & Frohlich, 2001; Lightner, 2002). Al respecto, Lucas & Cabello (2006) sostienen que es el temor a volver a sufrir el accidente coronario lo que afecta a las personas, y que el 50% de las mujeres ve disminuida su motivación de reanudar la actividad sexual.

• *Hipertensión:* Un estudio realizado en el año 2000 mostró que la HTA disminuye la frecuencia de los orgasmos en la mujer (Duncan et al, 2000). También se alude a sus efectos adversos en Lewis et al (2004).

Enfermedades endocrinas y metabólicas:

- *Diabetes mellitus* (Meston & Frohlich, 2001; Lightner, 2002; Lewis et al, 2004; Berman en Pasqualotto et al, 2005; Abu et al, 2008). Miočić et al (2008) ofrece una completa revisión de estudios internacionales respecto a la presencia de DSF en pacientes diabéticas. Si bien no todos los estudios coinciden en sus conclusiones, la mayoría de ellos revela algún grado de correlación entre ambas patologías, donde los principales efectos negativos de la diabetes se verían en la excitación sexual y eventualmente dispareunia como resultado de una mayor sequedad vaginal (Miočić et al, 2008).

- *Hipotiroidismo:* Lucas y Cabello (2006) sostienen que el hipotiroidismo dificulta el orgasmo, pero sobretodo, disminuye el deseo sexual en las mujeres.

Enfermedades neurológicas:

- *Epilepsia* (Zelená et al, 2007; Harden, 2008). Lucas y Cabello (2006) difieren de los autores anteriores, y sostienen que no existe evidencia suficiente para sostener que la epilepsia genere algún tipo de trastorno en la respuesta orgásmica femenina.

- *Parkinson* (Lightncr, 2002; Pasqualotto et al, 2005) En un estudio realizado en Tel-Aviv a 32 mujeres con Parkinson se pudo ver que el 87.5% reportaba dificultades en la excitación, 75.0% en alcanzar el orgasmo, el 46.9% mostraba bajo deseo sexual y 37.5% decía tener insatisfacción sexual (Bronner et al, 2004).

- *Esclerosis múltiple:* El 57% de las mujeres que padecen esta enfermedad experimentaría una disminución o ausencia de orgasmos (Lucas & Cabello, 2006).

- *Lesiones meduloespinales, congénitas o post-traumáticas* (Meston & Frohlich, 2001; Lightner, 2002; Pasqualotto et al, 2005; Lucas & Cabello, 2006; Alexander & Raymond, 2008).

Enfermedades oncológicas:

• *Cáncer cérvico-uterino e histerectomías:* Se alude a alteraciones de la vida sexual en cerca del 50% de las mujeres que padecen esta enfermedad, a partir de la disminución de las sensaciones corporales y de la reducción en la capacidad para tener orgasmos (Schroeder, 2004; Pasqualotto et al, 2005; Lucas y Cabello, 2006).

Contrariamente, en el año 2004 se publicó el primer estudio chileno sobre la evolución de la sexualidad en mujeres histerectomizadas. Se entrevistó a 104 pacientes histerectomizadas en el servicio de Ginecología del Hospital Dr. Sótero del Río y los resultados no arrojaron diferencias significativas en la frecuencia de relaciones sexuales, presencia y frecuencia de orgasmo, percepción de deseo sexual ni grado de excitación sexual (Urrutia et al, 2004). Según los autores, estos hallazgos serían concordantes con otros estudios contemporáneos realizados internacionalmente (Schaffer; Ellstrom en Urrutia et al, 2004).

• *Cáncer de mamas y mastectomía:* Fobair (2009) sostiene que estos trastornos pueden generar en la mujer disfunciones sexuales a partir no de la enfermedad en sí, sino del efecto que generan en las propias mujeres su disposición a reanudar la vida sexual y la forma en que se afecta su desinhibición en pareja.

Enfermedades ginecológicas y urológicas:

• *Patologías uterinas:* Tanto Pasqualotto et al (2005) como Handa et al (2008), mencionan los miomas, endometriosis, prolapsos y otras patologías uterinas como causantes de problemas sexuales en la mujer (sin hacer referencia específica a la anorgasmia), debido a la incomodidad y dolor que pueden generar.

- *Incontinencia urinaria:* Lo mismo ocurre con Lewis et al (2004), quien reporta que la incontinencia urinaria promueve en las mujeres disfunciones sexuales básicamente por la reticencia que genera en ellas el mantener encuentros sexuales.

Consumo de sustancias:

En lo referido al efecto del consumo de sustancias en la sexualidad femenina, los especialistas coinciden en que la experiencia clínica muestra que éste es evidente y pernicioso, pero – a la vez-, que los estudios existentes a la fecha son extremadamente elementales en este campo (Kushner, 2010; Figueroa, 2010).

Alcohol

Históricamente se ha sostenido que el alcohol desinhibe e incrementa los sentimientos y conductas sexuales, pero a la vez -y en grandes dosis- se le acusa de deprimir la conducta sexual femenina, incrementando el período de latencia del orgasmo (Kaplan, 1978; Pasqualotto et al, 2005).

Esto es coherente con la experiencia de la antropóloga social y directora de Tratamiento del Centro de Investigación y Asistencia a las Drogodependencias (CIAD), Diana Kushner, quien refiere que efectivamente las mujeres que se inician en el abuso de alcohol sienten una desinhibición sexual que les permite romper la estructura formal de deberismos y tabúes que cargan a cuestas, lo que las libera y les permite y disfrutar más en los encuentros sexuales (Kushner, 2010).

El psicólogo y director del Centro Oriente de la Corporación La Esperanza, Julio Figueroa, agrega que en esta etapa el alcohol se convierte en una verdadera "droga de ataque", que les permite a las mujeres atreverse a ser proactivas –e incluso, agresivas- en la conquista y en el despliegue de conductas sexuales exploratorias (Figueroa, 2010). En esta etapa del consumo, por tanto, no se presentan dificultades en el logro de la respuesta orgásmica e incluso puede resultar un escenario eficaz para lograr experimentar orgasmos cuando no se han tenido anteriormente. Sin embargo, cuando avanza la adicción, los estragos neuroquímicos propios del alcoholismo –como sustancia depresora- empiezan a ejercer un efecto que resulta en una autodevaluación de la mujer, quien ahora se sentirá sola, abandonada, con fuertes conflictos hacia su cuerpo –percibiéndose como fea, gorda o vieja-, y la respuesta sexual en todas sus fases, decaerá (Kushner, 2010).

Los estudios que se han realizado con el objetivo de determinar la prevalencia de las disfunciones sexuales en el alcoholismo presentan resultados muy dispares. Mandell y Miller (1983) y Fahrner (1987), concluyeron a partir de sus estudios que la prevalencia de disfunciones sexuales era muy alta durante el periodo de consumo de alcohol (86% y 75% respectivamente). En cambio, más recientemente Schiavi, Stimmel, Mandeli y White (1995) señalaron que la incidencia de disfunciones sexuales en pacientes alcohólicos abstinentes era similar a la de la población general (en Ávila, 2004).

Los estudios realizados con muestras de mujeres son más escasos. Covington y Kohen (1984) en un estudio comparativo entre mujeres alcohólicas y un grupo control encontraron que el 85 % de las primeras presentaba algún tipo de disfunción y que su funcionamiento sexual global era peor aunque practicaban mayor variedad de actividades sexuales. Klassen y Wilsnack (1986) que estudiaron el comportamiento sexual de mujeres alcohólicas no encontraron mayor frecuencia de DSF (en Ávila, 2004).

Entre los datos más actuales disponibles, un estudio realizado en Salamanca en el año 2007 con pacientes con trastornos por abuso de alcohol (150 varones y 33 mujeres, cuya edad estaba comprendida entre los 21 y 68 años), demostró que el funcionamiento sexual global era aceptable y significativamente mejor en los varones que en las mujeres; el 24% de los pacientes había notado que la intensidad del orgasmo era menor y en el grupo de mujeres, el 10% refería vaginismo y el 5% dolor en el coito. No se reportaron problemas de anorgasmia. Ni el diagnóstico, ni la cantidad de gramos de alcohol consumido, ni la situación de abstinencia o consumo influía en el funcionamiento sexual global (Ávila, 2004).

Marihuana

Los efectos de la marihuana sobre las respuestas sexuales no son claros. Algunas personas afirman que al fumar un "pito" se relajan y esto aumenta de manera notable sus vivencias eróticas, lo que incluso ayudaría a la superación de problemas de vaginismo en la mujer (Figueroa, 2010). Otros afirman también que el orgasmo es más prolongado y placentero. Sin embargo no existe evidencia que confirme este fenómeno.

Según Labrador (1994) el consumo persistente y frecuente de marihuana produce una reducción paulatina del interés sexual y en las mujeres afectaría fundamentalmente la lubricación vaginal (en Escudero, 2005). Sin embargo, Lucas y Cabello (2006) sostienen que no hay evidencia concluyente que vincule el consumo de marihuana a ningún tipo de trastorno sexual en la mujer.

Kushner (2010), sostiene que –desde su experiencia clínica-, lo que ha visto en etapas de abuso de marihuana es una suerte de "enamoramiento de la droga", cuyo aumento de endorfinas en el cuerpo hace que el goce sexual sea en realidad un goce producido por la droga (y no por la vivencia erótica con la pareja). De esta manera, el interés "por lo sexual" se va extinguiendo y va siendo reemplazado por el interés "por el consumo".

Cocaína

El uso prolongado de cocaína puede producir un deterioro del Sistema Nervioso Central que bastaría para disminuir el funcionamiento sexual. Sin embargo, a partir de la revisión bibliográfica realizada, no fue posible encontrar estudios que revelaran, con respaldo científico, una relación entre la cocaína y algún tipo de disfunción sexual femenina.

Tanto Kushner (2010) como Figueroa (2010) coinciden en que la cocaína –por sus cualidades psicoestimulantes- genera en las mujeres una sensación de "poderío sexual" que aumenta su extroversión y provocación hacia el otro, y su disposición para prestarse a diversos tipos de experimentación sexual. Según Kushner, cuando el abuso se instala, aparece en la mujer la necesidad de someter, dominar e incluso ridiculizar al sexo masculino (Kushner, 2010). Asimismo, el efecto anestésico de esta droga restaría sensibilidad al clítoris, y por tanto el orgasmo se haría menos frecuente, llegando incluso a desaparecer por completo (Kushner, 2010). La ausencia de orgasmo lleva a que las mujeres adictas a la cocaína se expongan a lesiones físicas en la búsqueda de aquellas sensaciones eróticas que han perdido (Figueroa, 2010).

Pasta base:

Los efectos de la pasta base en la sexualidad femenina genera, según la experiencia clínica, un rápido deterioro, fundamentalmente porque el efecto de la droga supera el placer provocado por el coito. La sexualidad se convierte, entonces, en un vehículo para conseguir pasta base, y por tanto, adquiere una dinámica muy primitiva, promiscua, sucia (en términos literales), sin placer ni orgasmo (Kushner, 2010), sin protección de ningún tipo y con consecuencias negativas para la salud de las mujeres (Figueroa, 2010).

Heroína y otros opiáceos

Tanto la heroína como la morfina ejercerían una influencia negativa en la respuesta sexual femenina, afectando el éxito en la consecución del orgasmo y disminuyendo el interés sexual (Labrador en Escudero, 2005). Una explicación para esto sería que su consumo aumenta los niveles de prolactina en la mujer y que ello interfiere en su respuesta sexual (Saso, 2002).

Tabaco

Algunos autores sostienen que la nicotina, estimulante contenido en el humo del tabaco, al estrechar los vasos sanguíneos podría tener un efecto nocivo para la respuesta sexual, en la medida que reduciría la capacidad de los genitales para llenarse de sangre (Rathus et al, 2005). Sin embargo, hasta ahora, no parece existir evidencia científica que vincule el fumar cigarrillos a alguna disfunción sexual femenina (Lewis et al, 2004), y sólo algo de evidencia se habría encontrado para el trastorno eréctil en el hombre (Labrador en Escudero, 2005).

Trastornos psiquiátricos:

La depresión es el trastorno psiquiátrico que con más fuerza se vincula a las disfunciones sexuales -especialmente en la fase del deseo y excitación- (Manzo et al, 2004; Pasqualotto et al, 2005), aunque muchos autores sostienen que son los antidepresivos que se toman para el tratamiento de esta enfermedad –especialmente los ISRS- los que generan en realidad los efectos adversos sobre la sexualidad (Meston & Frohlich, 2001; Pérez & Montero en Montejo, 2005; Nurnberg, 2008).

La esquizofrenia es otro de los trastornos psiquiátricos que más parece estar ligado a las disfunciones sexuales (Pasqualotto et al, 2005; Montejo, 2005; Fujii et al, 2010). Un estudio realizado por el Departamento de Psiquiatría de la Universidad de Valparaíso y publicado el 2008 en la Revista Chilena de Neuro-Psiquiatría confirmó la fuerte relación entre ambas morbilidades, pero no pudo clarificar el rol que la medicación antipsicótica pudiera tener en éstas (Cavieres, 2008).

Finalmente, las mujeres anoréxicas por lo general tienen la libido baja con un retraso en todos los acontecimientos normativos que caracterizan la vida sexual normal (Graziottin, 2000). Aunque los estudios empíricos respecto a la relación entre trastornos de la conducta alimenticia y sexualidad no parecen ser comparables ni de alta calidad científica, casi todos ellos apuntan a la existencia de una asociación positiva, sobretodo en lo que respecta a anorexia nerviosa. Este vínculo puede entenderse por lo que son consideradas las variables más frecuentes que coexisten en los trastornos de alimentación: características de personalidad, características de las familias de origen, imagen corporal negativa e historias de abuso sexual (Wiederman, 1996). Algunos de estos factores (pero no necesariamente vinculados a los trastornos de la conducta alimenticia), se abordarán más adelante.

Factores genéticos:

Un estudio inglés realizado en el año 2005 y publicado por la revista científica Biology Letters, centrado en el testimonio de 4.037 mujeres (mellizas y gemelas) entre los 19 y 83 años de edad, arrojó resultados significativos en la línea de que la dificultad para alcanzar orgasmos tanto en la masturbación como en las relaciones sexuales tendrían un correlato genético (Dunn et al, 2005).

Factores etáreos:

Diversos autores coinciden en que la sexualidad femenina logra su máxima expresión a los 35-40 años, y a partir de ese momento el deseo y excitación comienzan a disminuir –aunque a un ritmo más lento que los hombres-. Sin embargo, la necesidad de sexo en algunas personas nunca desaparece, y se ha observado tanto a hombres como a mujeres experimentando orgasmos después de los 90 años (Kaplan, 1978).

El funcionamiento sexual de la mujer durante los años de su climaterio es extraordinariamente variable y depende de su estado psíquico general y de su relación de pareja (Kaplan, 1978). Sin embargo, existiría evidencia de que después de los 44 años se incrementa el riesgo de disfunción sexual (Blümel et al, 2004). En un estudio poblacional efectuado en la Unidad de Climaterio del Hospital Barros Luco-Trudeau durante el 2002 con el objetivo de determinar la calidad de vida después de la menopausia, se encontró que el riesgo de disfunción sexual aumenta 5,4 veces en las mujeres climatéricas. En este estudio se observa que 22,2% de las mujeres de 40 años de edad, 61,8% de las de 50 años y casi 70% de las de 60 a 64 años tienen disfunción sexual.

En un estudio posterior para aplicar y validar el IFSF en una población chilena, en el que se incluyó a 383 mujeres sanas de 20 a 59 años de edad con actividad sexual, se encontró que la sexualidad en todos sus aspectos: deseo, dolor, lubricación, orgasmo, excitación y satisfacción, logra su máxima expresión a los 35-40 años, para caer posteriormente, especialmente el deseo y excitación, y que después de los 44 años se incrementa notoriamente el riesgo de disfunción sexual. La principal causa de esto parece ser la fuerte caída de los estrógenos durante el período del climaterio, por lo que se ha observado que el deseo, dolor, orgasmo, satisfacción, excitación y sobre todo la lubricación eran mucho mejores en las mujeres que recibían Terapia de Reemplazo Hormonal (Blümel, 2009).

Otros:

Embarazo

Diversos estudios coinciden en señalar que las disfunciones sexuales aumentan significativamente durante el tercer trimestre del embarazo (Aslan et al 2005; Erol et al, 2007; Leite et al, 2009), en los cuales las mujeres reportan tener menos sensación en el clítoris, baja en el deseo y dificultad para conseguir el orgasmo. La atribución inicial, de que esto se debería a una disminución en los niveles de andrógenos en la sangre, no se ha podido corroborar fehacientemente (Erol et al, 2007).

Alguna literatura médica, por otro lado, habla de secuelas vulvares postparto. Dichas secuelas ocurrirían a partir de partos vaginales recurrentes, y su intensidad dependería de varios factores, tales como el tamaño del recién nacido, las características del parto mismo y/o la calidad de los tejidos de la madre. Por lo general, el compromiso de estos tejidos es moderado y no requiere tratamiento, o bien pueden solucionarse por medio de kinesioterapia. Sin embargo, en ocasiones, la mujer podría presentar lo que se ha llamado "amplitud vaginal sintomática", que es la pérdida de tonicidad vaginal y que se evidenciaría por una disminución o ausencia de sensación durante el acto sexual, lo que – a su vez- dificultaría la excitación de la mujer y el orgasmo.

Sin embargo, no se encontraron estudios científicos que respaldaran este planteamiento.

Ejercicio

El ejercicio regular se suele recomendar por los terapeutas no sólo para mejorar la salud en general, sino también porque se estima que incrementaría la energía y el impulso sexual en ambos sexos (Graziottin, 2000; Rathus et al, 2005). Sin embargo, hasta ahora no parece existir evidencia científica que vincule la falta de ejercicio físico a alguna disfunción sexual femenina.

Un tema que parece generar más acuerdos es el hecho que el hipertono del músculo pubococcígeo, sea cual fuere la causa, puede provocar una dispareunia que conduzca al bloqueo del orgasmo. También pueden aparecer problemas a partir del hipotono del músculo; esto suele darse con mayor frecuencia después de partos de recién nacidos macrocósmicos o de partos con operación vaginal. Por esta razón es que muchos terapeutas recomiendan la práctica habitual de ejercicios para el entorno pélvico -a través de los llamados "Ejercicios de Kegel"- con el fin de alcanzar un tono muscular óptimamente funcional (Graziottin, 2000)[6].

Alimentación

Lindberg (2007) en su libro *The Orgasmic Diet: boost your libido and achieve orgasm* recomienda consumir chocolate amargo, ya que aumentaría los niveles de dopamina; omega 3 (que se encuentra de manera natural fundamentalmente en los pescados y de manera artificial como suplemento en diversos alimentos, como los huevos), porque mejoraría la circulación y ayudaría a balancear los niveles de dopamina y serotonina; y alimentos ricos en zinc y magnesio, dado que permitirían restaurar la testosterona libre.

---

[6] Este tema se abordará con mayor profundidad en el Capítulo IV: "Lineamientos para la Terapia Sexual".

Asimismo, sugiere eliminar la cafeína y los productos de soya porque, según la autora, bajan la testosterona (Lindberg, 2007).

Respecto a los llamados "afrodisíacos" (entendidos como aquellos agentes a los que se suele atribuir efectos que despiertan o aumentan el deseo, la capacidad para el placer y la respuesta sexual), distintos autores sostienen que la mayor parte de ellos son farmacológicamente inactivos, y si en algún caso aumentan la conducta erótica, es debido exclusivamente a un efecto placebo. Por ello, cuando se evalúa la efectividad de un supuesto afrodisíaco se debe tener en cuenta el efecto que genera la esperanza que las personas depositan en la posibilidad de que éste funcione (Rathus et al, 2005; Jarpa, 2009).

Finalmente, y aunque el debate mundial en contra de la comida chatarra le adjudica no sólo males cardíacos y diabetes sino también la proliferación –por el aumento de tejido graso- de sustancias hormonales que son antierógenas, antieréctiles y antiorgásmicas, no parecen existir estudios disponibles que respalden científicamente estas afirmaciones.

El siguiente cuadro resume las variables biológicas de origen, mantención y/o cambio del Trastorno Orgásmico Femenino:

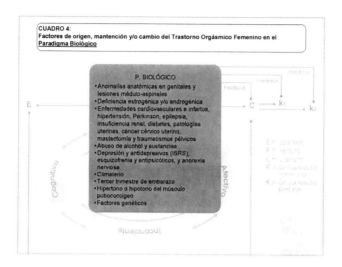

CUADRO 4:
Factores de origen, mantención y/o cambio del Trastorno Orgásmico Femenino en el Paradigma Biológico

P. BIOLÓGICO
•Anomalías anatómicas en genitales y lesiones médulo-espinales
•Deficiencia estrogénica y/o androgénica
•Enfermedades cardiovasculares e infartos, hipertensión, Parkinson, epilepsia, insuficiencia renal, diabetes, patologías uterinas, cáncer cérvico uterino, mastectomía y traumatismos pélvicos
•Abuso de alcohol y sustancias
•Depresión y antidepresivos (ISRS), esquizofrenia y antipsicóticos, y anorexia nerviosa
•Climaterio
•Tercer trimestre de embarazo
•Hipertono o hipotono del músculo pubococcígeo
•Factores genéticos

3.2.2. Desde el Paradigma Ambiental/Conductual

En cuanto al **paradigma ambiental/conductual**, el EIS postula que *"ciertas características ambientales específicas pueden influir en la génesis de específicas cogniciones, afectos y conductas (las cuales pueden ser más o menos "desajustadas")"* (Opazo, 2001, p. 111), siendo su fuente central el rol de las experiencias tempranas en el desarrollo de las personas.

Al respecto, los siguientes son los aportes que aparecen como más significativos para la comprensión de la etiología y/o mantención del trastorno orgásmico femenino desde el punto de vista de este paradigma:

Socializaciones rígidas respecto al género femenino:

La cultura es internalizada por los individuos mediante la socialización primaria, y adquiere, en vista de ello, un carácter natural, cómo única posibilidad existente y concebible. En este marco, la socialización respecto al propio género aparece como una consecuencia natural de las diferencias sexuales entre hombres y mujeres, pero también está determinada histórica y culturalmente. En otras palabras, la sexualidad y la actividad son construidas socialmente (Dides, 2006) y "el discurso de la sexualidad, como todo discurso social, es también una estrategia de poder en su intento de producir una verdad" (Benavente & Vergara, 2006, p. 35).

Jefrey Weeks sostiene que cada sociedad organiza el potencial erótico humano (Weeks, 1998), y la concepción que se tenga sobre la sexualidad condicionará lo permitido, lo prohibido, lo deseable y lo real (Dides, 2006). Según estudios de la Facultad de Ciencias Sociales para Latinoamérica (FLACSO), en muchas sociedades aún, el poder de los hombres sobre las mujeres se ha caracterizado históricamente por negarles a las mujeres su sexualidad e imponerles la sexualidad masculina cuyo impulso es un derecho. Las mujeres serían las portadoras del valor moral, y el que un cuerpo femenino exprese su deseo sin escudarse en otras motivaciones (como la maternidad) sería para estas culturas una amenaza que debe estar bajo control. "En este sentido se marca una diferencia importante con las mujeres, las que no deberían siquiera acercarse al desborde propio de los hombres, marcando así un funcionamiento de opuestos complementarios, en el que las mujeres guardan la compostura y establecen lo racional por sobre lo pasional" (Benavente & Vergara, 2006, p. 48). Así se construiría una mujer obligada a defender unos límites que no consideran el deseo ni la búsqueda del placer propio, y un ejercicio de la sexualidad cuyo único fin son los hijos (Benavente & Vergara, 2006).

Ahora bien, por muy de acuerdo o no que estemos con estas visiones, lo cierto es que no fue posible dar con estudios comparativos que muestren la relación entre culturas y disfunciones sexuales femeninas. Pero a su vez, es difícil no creer que en aquellas sociedades fundamentalistas, cuyos sistemas religiosos y/o políticos se basen en concepciones no sólo rígidas sino menoscabadoras del rol del género femenino, el derecho al placer sexual de la mujer y la expresión que éste adquiera se vean afectados.

Mensajes negativos sobre el sexo:

En consistencia con el punto anterior, y según diversos autores, la ecuación inmoralidad-sexualidad se halla profundamente arraigada en nuestra cultura y se transmite por medio de mensajes tácitos o explícitos a muchas mujeres durante toda la vida.

Helen Singer Kaplan sostiene que la gente aprende desde la niñez a negar su sexualidad, a disociar este aspecto de sí mismo, o a reconocerlo como peligroso, feo, hostil, sucio, repugnante e inmoral. Según Benavente y Vergara estos mensajes se traspasarían en gran medida de padres a hijos, ya que "los padres no enseñan de sexualidad a sus hijos, al menos no explícitamente, pero sí son quienes los internan en el mundo simbólico de la sexualidad" (Benavente & Vergara, 2006, p. 36). Según Kaplan, especialmente si el hogar es religioso, las jóvenes aprenden a asociar el sexo como pecaminoso, por lo que, cada vez que una niña desee mirar el pene de un amigo, masturbarse o exhibir su cuerpo, experimentará una descarga de ansiedad, vergüenza y/o culpa (Kaplan, 1978).

Cabe decir que aunque los aspectos religiosos no aparecen necesariamente asociados a mayor presencia de disfunción sexual (Blümel, 2009), la idea de que *una niña que recibe mensajes que no asocian el sexo al placer sino a algo sucio muy probablemente cuando grande se reprimirá y no se permitirá vivir su sexualidad en plenitud* aparece recurrentemente en los textos de sexualidad. Al respecto, Politzer y Weinstein sostienen que las mujeres reciben mensajes completamente contradictorios, ya que vivimos en una sociedad donde aún impera la dicotomía entre jóvenes respetables con las cuales los hombres finalmente se casan y aquellas mujeres atractivas con las cuales lo pasan bien pero que luego abandonan para constituir una familia con otra (Politzer & Weinstein, 2004).

Según Francoise Dolto, históricamente si una mujer era feliz en el amor, debía fingirse fría para parecer "como es debido" (Dolto, 2001). Hoy podríamos decir que la misma premisa actúa para el caso contrario, si una mujer no es feliz, igualmente debe parecerlo tanto para no alterar las cosas con su pareja sexual como para no aparecer públicamente como fracasada. Ese es otro de los mensajes que las mujeres parecen haber incorporado: que su satisfacción es menos importante que las de sus parejas varones, y que está a merced de éstos.

Los mensajes negativos sobre el sexo y la forma en que éstos tienen consecuencias en el mundo psicológico de las mujeres y en su respuesta sexual, también pueden considerarse como variables del paradigma cognitivo (en cuanto afectan la forma en que se significa la sexualidad) y del paradigma inconsciente (en cuanto muchos de estos mensajes actúan de manera implícita y solapadamente en la respuesta sexual femenina).

Primeras experiencias sexuales e historia de relaciones negativas:

Las primeras experiencias sexuales, según Helen Singer Kaplan, suelen diferir notablemente entre hombres y mujeres. Según ella, un muchacho tímido y torpe puede eyacular con mayor rapidez de lo que le hubiera gustado la primera vez que intenta el acto sexual, sin embargo, es muy probable que estos primeros intentos igualmente lo conduzcan al orgasmo (Kaplan, 1978). En las mujeres, en cambio, las primeras experiencias sexuales son a menudo desalentadoras –sino directamente desagradables- y no conducen al orgasmo ni necesariamente a sensaciones placenteras (Althof en Pasqualotto et al, 2005; Lucas & Cabello, 2006).

Experiencias previas de abuso físico, sexual o emocional parecen influir negativamente en la capacidad de las mujeres de vivir sanamente su sexualidad y alcanzar la gratificación en ella (Tiefer et al, 2002; Lightner, 2002; Althof et al, 2005; Burri et al, 2009). Un estudio austriaco realizado en 1995 reveló que las víctimas de abusos sexuales múltiples durante la niñez reportaban mayores desórdenes sexuales del deseo y el orgasmo que personas que no habían experimentado nunca abuso o que habían vivido eventos únicos de abuso infantil (Kinzl, 1995).

Ausencia de autoexploración, masturbación y/o fantasías sexuales:

Ya lo decía Hite en el famoso informe que llevaba su nombre: "la masturbación parece tener muchas cosas en su favor para recomendarla –fáciles e intensos orgasmos, es una inagotable fuente de placer- pero, por desgracia, todos somos víctimas en mayor o menos grado, de una cultura que afirma que la gente no debe masturbarse" (Hite, 1976, pp. 39). Lucas y Cabello (2007) señalan que en el Instituto Andaluz de Sexología y Psicología (IASP) casi el 98% de las mujeres que acude a consultar quejándose de anorgasmia primaria no se ha masturbado nunca. Una evidencia coherente muestra un estudio realizado por Fuentes (2010) en el Instituto Chileno de Psicoterapia Integrativa, en el cual se pudo ver que aquellas pacientes aquejadas con anorgasmia primaria mostraban mayores ansiedades masturbatorias que las aquejadas con anorgasmia secundaria.

La presencia de masturbación satisfactoria indica normalmente una buena líbido, una buena relación con el propio cuerpo y una falta de inhibición (Graziottin, 2000), y las mujeres que la practican no tendrían mayores problemas para experimentar el orgasmo (Politzer & Weinstein, 2005).

Existen innumerables mujeres, sin embargo, que jamás han mirado siguiera sus genitales, y que con ello van acumulando temores, dudas y vergüenzas que serán determinantes en su conducta sexual (Politzer & Weinstein, 2005). "Además de descubrir los gustos y los ritmos de la mujer, la masturbación es la manera más fácil y directa para detectar si efectivamente una mujer es anorgásmica o no. Entre quienes nunca han tenido un orgasmo, hay un amplio porcentaje (...) que simplemente no ha descubierto la manera adecuada de excitarse" (Politzer & Weinstein, 2005, p. 271).

Diversos estudios han constatado la eficacia del entrenamiento guiado en masturbación –con ayuda de vídeos y material escrito- en mujeres con trastorno orgásmico primario. Este procedimiento, impulsado por LoPiccolo, habría demostrado ser la forma más fácil de experimentar el orgasmo (Lucas y Cabello, 2007) y resultaría efectivo para un 90% de las mujeres tratadas

(Manzo et al, 2004; Pasqualotto et al, 2005). Politzer y Weinstein atribuyen esto a que "al buscar el placer en forma solitaria, las mujeres se sienten libres para desatar todas las fantasías eróticas que les ayudan al orgasmo (…). En el secreto de la masturbación, muchas mujeres se permiten imaginar que hacen el amor con personas diferentes a sus parejas, o que son forzadas violentamente a tener sexo, o se vislumbran como una vedette o una prostituta" (Politzer & Weinstein, 2005, p. 276).

Las fantasías sexuales constituyen la manifestación cognitiva de la conducta sexual humana y la capacidad de abandonarse a ellas parece ser otro factor relevante para lograr el placer sexual (Ortega et al, 2005). Así lo concluyó un estudio en el año 1992, donde las mujeres más fantasiosas correlacionaron positivamente con mayor satisfacción sexual (Alfonso et al, 1992), y lo han corroborado otros estudios después. Lo importante de las fantasías, es que el hecho de tenerlas no constituye que la persona quiera llevarlas a cabo o verse sometida a la situación imaginada sino, simplemente, que estas fantasías les otorgan la libertad para contactarse con estímulos erotizantes que favorecen su respuesta sexual (Shulman & Horne, 2006).

Modeling inadecuado:

Tal Ben-Shahar (2008) sostiene que la idea errónea de que es más importante encontrar a la persona adecuada para amar que cultivar las relaciones puede, al menos en parte, atribuirse al cine. Muchas películas giran en torno a la búsqueda del amor, las dificultades y tribulaciones que tienen que pasar dos personas hasta que se encuentran. Hacia el final de la película la pareja se besa apasionadamente y después viven felices para siempre –o es lo que suponemos-. Según el autor, el problema es que las películas terminan cuando el amor comienza. La idea errónea de que encontrar a la persona adecuada garantiza la felicidad eterna lleva a las parejas a descuidar el viaje: los problemas, actividades, diferencias y eventos diarios que dan forma a la relación.

Esto mismo ocurre respecto a la sexualidad. Lo que una mujer (y su pareja) ven en el cine o escuchan a partir de los relatos jactanciosos de sus pares, hacen creer que la sexualidad y el placer que ésta ofrece se da de manera automática, feroz e inevitable. El nerviosismo, la inexperiencia, las incompatibilidades iniciales y otras dificultades normales no tienen espacio en el relato idealizado del sexo. Y esto no hace más que generar expectativas falsas y, sobretodo, malos entendidos respecto a los ritmos propios del hombre y la mujer y la forma en que cada uno de ellos alcanza en placer en las relaciones. En el cine los orgasmos se dan de manera simultánea y nunca se insinúa siquiera la necesidad de juego preliminar o estimulación clitorídea. Todo ocurre de manera perfectamente sincronizada y cómoda desde la primera vez. Nada más lejos de la realidad.

Estimulación sexual deficiente:

Singer Kaplan sostiene, a partir de lo que fue su intensa experiencia clínica en terapia sexual, que la historia de un gran número de mujeres que funcionan mal con sus parejas en el terreno sexual revela que practican técnicas sexuales deficientes e ineficaces. Según la autora, el acto sexual discurre a menudo bajo los dictados de la tensión sexual masculina y, por ello, lo más probable es que el coito se inicie antes de que la mujer esté plenamente excitada. En esas condiciones, agrega, no es sorprendente que la mujer no muestre respuesta orgásmica alguna (Kaplan, 1978).

Muchas veces se suele culpar a los hombres de egoístas, por estar preocupados de su excitación y satisfacción sexual durante la relación y no la de sus parejas. Sin embargo, una de las razones más frecuentes del aparente "egoísmo" del hombre es que en realidad éste no tiene idea de en qué fase de la respuesta sexual se halla la mujer, cayendo en el error de juzgar el estado de excitación de ella sobre la base de sus propios sentimientos. La ilusión de que entienden la reacción de su compañera, cuando, en realidad, no es así, es fomentada y perpetuada muchas veces por las propias mujeres, que mantienen en la oscuridad sus propias necesidades. "La mujer teme que si demora la eyaculación de su compañero pidiéndole que prolongue su juego sexual o si le exige que "trabaje" estimulándole el clítoris, o si no alcanza el orgasmo en el coito y se lo comunica a él, éste la comparará con otras que no plantean exigencias tan "excesivas" y la rechazará en favor de una compañera más generosa y "femenina"" (Kaplan, 1978, pp. 504-505).

Las personas pueden ignorar cómo proporcionar placer o desconocer cómo optimizar el propio placer. Pueden tener un repertorio limitado de conductas (Manzo et al, 2004) o seguir creyendo que el sexo se limita al coito, y en ambos casos se sobre-focalizarán en los genitales y se despreocuparán de estimular el resto de zonas gratificantes y disponibles a la hora del sexo. "(…) Muchas mujeres sufren dolor vaginal simplemente porque requieren más tiempo para la excitación y la lubricación. Lo más frecuente es que el mal se origine en una sequedad vaginal provocada por un coito que comienza antes de que la mujer esté suficientemente preparada para la penetración" (Politzer & Weinstein, 2005, p. 238) y, en esas circunstancias, es poco probable que devenga el orgasmo. Muchas veces la manipulación del clítoris se entiende sólo como una caricia previa, descartándose una vez que se concreta la penetración. Sin embargo, esta exclusión durante el coito aleja significativamente las posibilidades de llegar al orgasmo. "El contacto con el clítoris debiera mantenerse incluso una vez producida la penetración. La persistencia de ese roce, ya sea con los dedos de él o de ella, permite sostener la excitación durante todo el coito" (Politzer & Weinstein, 2005, p. 239).

El informe Durex sobre Bienestar Sexual 2007/2008, que fue realizado en España bajo el alero de la firma de preservativos más famosa del mundo y que se basa en más de 26.000 encuestas *on line* en 26 países, muestra que la duración del juego preliminar es tan importante para las personas como la duración del coito, y que ambas van en directa relación con la satisfacción sexual (Durex, 2007). El estudio de Barrientos y Páez, ya citado en el capítulo de prevalencia, constató que el repertorio de prácticas sexuales está directamente asociado a la satisfacción sexual femenina y muestra que si el repertorio es restringido exclusivamente al sexo vaginal, el porcentaje de satisfacción disminuye (Barrientos & Páez, 2006).

Presencia de estresores medioambientales:

La sexualidad es una de las dimensiones de la vida más sensibles al estrés (Alliende, 2009). Por ello, las personas con fuertes o reiteradas demandas o conflictos con el entorno (por ejemplo, cesantía forzosa, exceso o inestabilidad en el trabajo, pérdida de algún familiar querido, crianza de niños pequeños, desastres naturales, problemas económicos, etc.) suelen presentar algún tipo de dificultad en la respuesta sexual (Manzo et al, 2004; Pasqualotto et al, 2005; Lo, 2009). El mismo Informe Durex antes citado arroja evidencia respecto a que la gran mayoría de los adultos entre 35 y 64 años identifican como aspiración para mejorar su vida sexual el sufrir menos estrés (Durex, 2007).

La persona que se haya frente a una crisis se encuentra ante todo, intensamente preocupada por superar sus dificultades y le conviene concentrar todas sus energías en la resolución de esos problemas. Por otro lado, también es posible que los cambios fisiológicos y endocrinos intensos que acompañan los estados de estrés y fatiga contribuyan a una pérdida de motivación sexual (Kaplan, 1978). En estos casos, Kaplan recomienda apoyar primero en la resolución de la crisis "y posponer la terapia sexual hasta que el estado psicofisiológico del paciente haya mejorado lo bastante como para que sea más asequible al tratamiento" (Kaplan, 1978, p. 120).

Baja asertividad e inhibición verbal:

Para Lucas y Cabello (2006) la baja asertividad es una de las variables que mantienen los trastornos orgásmicos en la mujer, ya que éstas no se atreven a solicitar lo que necesitan, subyugándose a la pareja y acoplándose a los hábitos del compañero –aunque éstos no sean los que ellas desearían- . Por eso Kaplan afirma que la mujer debe aprender a asumir una parte de la responsabilidad de su placer sexual y a desarrollar cierto grado de autonomía sexual para no depender exclusivamente de otro para alcanzar la gratificación. Se trata de resituar el esquema de responsabilidades en las relaciones sexuales en un plano más igualitario (Lucas & Cabello, 2007). Sin embargo, "las mujeres a las que se les ha enseñado desde pequeñas a considerar la pasividad y la complacencia como una virtud, es probable que ante el impulso de asumir un papel más activo en la sexualidad reaccionen con sentimientos de culpabilidad y vergüenza" (Kaplan, 1978, p. 505).

Al respecto, es muy interesante lo que concluye un estudio realizado por la University of East London en el 2004, que reveló que las mujeres son más orgásmicas con un partner sexual regular que con uno esporádico ("ONS" o *one-night stands*), ya que con este último se sienten menos capaces de ser asertivas respecto a sus propias necesidades (por ejemplo, menos cómodas de pedir que les estimularan el clítoris sin miedo al rechazo) y sentían de parte de ellos menos dedicación y atenciones (Eschler, 2004).

Asimismo, Politzer y Weinstein, sostienen que no existe un hablar corriente y cotidiano para expresar la existencia, el deseo, el sentir y la emoción de la sexualidad de la mujer. Esta incapacidad de hablar de sexo, no sólo con los padres o amigos sino incluso con la misma persona con quien se tiene sexo, es el resultado de una práctica de silencio que se va gestando desde la infancia. Las autoras en su libro aluden a diversas investigaciones que demostrarían que las mujeres que son capaces de hablar más abiertamente de sus necesidades sexuales reportarían relaciones sexuales más frecuentes, aparecerían como más orgásmicas y experimentarían más placer que aquellas que son verbalmente inhibidas (Politzer & Weinstein, 2005).

El siguiente cuadro resume las variables ambientales/conductuales de origen, mantención y/o cambio del Trastorno Orgásmico Femenino:

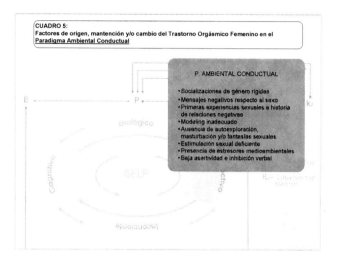

CUADRO 5:
Factores de origen, mantención y/o cambio del Trastorno Orgásmico Femenino en el Paradigma Ambiental Conductual

P. AMBIENTAL CONDUCTUAL
• Socializaciones de género rígidas
• Mensajes negativos respecto al sexo
• Primeras experiencias sexuales e historia de relaciones negativas
• Modeling inadecuado
• Ausencia de autoexploración, masturbación y/o fantasías sexuales
• Estimulación sexual deficiente
• Presencia de estresores medioambientales
• Baja asertividad e inhibición verbal

3.2.3. Paradigma Cognitivo

En lo referente al **paradigma cognitivo,** en el EIS se postula que *ciertos eventos cognitivos y/o estructuras cognitivas pueden influir generando conductas, cogniciones y afectos más o menos adaptativos* (Opazo, 1997). Al respecto, los siguientes elementos del paradigma cognitivo son los que más se suelen vincular con los trastornos sexuales en general y con el trastorno orgásmico femenino en particular:

Falta de conocimientos vinculados al sexo:

Con frecuencia se asocia a disfunciones sexuales la ausencia de conocimientos sobre anatomía y fisiología sexual (Tiefer et al, 2002, Carey en Manzo et al, 2004; Althof et al, 2005), conocimientos que –al menos en Chile- son pobres y restringidos, pese a que el acceso a contar con buena información respecto al sexo fue declarado en el año 1999 un derecho sexual humano por la World Association of Sexology (W.A.S.)[7]. Coherente con esta postura es el análisis que hacen Benavente y Vergara (2006) a partir de estudios comparados realizados por la FLACSO en los últimos años, y que muestra que la mitad de las mujeres no recibió ninguna información sexual de sus padres, y que quienes sí la recibieron, lo hicieron por parte de la madre y sólo limitada a los cambios biológicos y la menstruación.

En el libro "Mujeres, la sexualidad secreta", la psicóloga Eugenia Weinstein afirma que, además de la falta general de conocimientos fisiológicos, anatómicos y psicológicos vinculados al sexo, es frecuente que tanto los hombres como las mujeres desconozcan donde está el clítoris y que ignoren su potencial para transmitir placer erótico. La autora revela que en su práctica clínica ha visto con horror cómo muchas mujeres saben tan poco sobre si mismas como sus compañeros, situación que atribuye a muchas negligencias culturales pero también a que el sexo de la mujer "no sólo está oculto de los demás, sino también de sí misma" (Politzer & Weinstein, 2005, p. 26). Kaplan ya había adelantado sus inquietudes respecto al poco conocimiento femenino en materia sexual, que para ella se refleja en que no es raro que las mujeres realicen el acto sexual tan pronto como el hombre entra en erección, y no

---

[7] Esta entidad, durante un encuentro realizado en Hong Kong en el año 1999, adoptó una declaración de derechos sexuales con el objeto de promover el desarrollo de una sexualidad sana y llamó a reconocerlos, respetarlos y defenderlos. Estos derechos son los siguientes:
-El derecho a la libertad sexual.
-El derecho a la autonomía, integridad y seguridad sexuales del cuerpo.
-El derecho a la privacidad sexual.
-El derecho a la equidad sexual.
-El derecho al placer sexual.
-El derecho a la expresión sexual emocional.
-El derecho a la libre asociación sexual.
-El derecho a la toma de decisiones reproductivas libres y responsables.
-El derecho a información basada en el conocimiento científico.
-El derecho a la educación sexual integral.
-El derecho a la atención de la salud sexual.
(W.A.S., 1999)

solicitan el tipo de estimulación que necesitan porque no son conscientes de sus propias necesidades (Kaplan, 1978).

Presencia de mitos o creencias disfuncionales respecto a la sexualidad:

Otro factor que se suele asociar a las disfunciones sexuales es la existencia y aceptación de mucha mitología respecto al sexo y a lo que se debiera hacer, esperar y conseguir durante el acto sexual (Carey en Manzo et al, 2004). Un ejemplo de esto, dice Singer Kaplan, es el mito del orgasmo simultáneo, el cual en la realidad es más la excepción que la regla. Sin embargo, el deseo compulsivo de lograrlo puede ejercer un efecto muy negativo sobre la vida sexual de la pareja, en tanto que el hombre intenta continuamente frenar su reflejo orgásmico y la mujer se esfuerza por darse prisa. Otro mito, agrega la autora, es la falsa creencia de que las mujeres son anormales e inadecuadas, sexualmente hablando, si no se adaptan al ritmo del hombre y no alcanzan rápidamente el orgasmo. Y otro mito, probablemente el más arraigado, es el que sostiene que la estimulación clitorídea no debiera ser necesaria para alcanzar la satisfacción sexual o es señal de que la mujer no se excita lo suficiente con su pareja (Kaplan, 1978).

En un estudio acerca de la culpabilidad sexual en adolescentes realizado en el 2005 en España se detectaron aterradores mitos ejerciendo silenciosamente su influencia en las nuevas generaciones. Algunos de estos mitos eran: el consumo de material pornográfico incita a la violación y otros delitos sexuales; la masturbación es una forma de ser infiel a la pareja; y el sexo oral es síntoma de inmadurez y neurosis (Ortega et al, 2005)[8].

---

[8] Una completa lista de mitos acerca de la sexualidad femenina, masculina y de la relación entre hombres y mujeres se puede encontrar en Labrador, F. (1994). *Disfunciones sexuales.* Madrid: Fundación Universidad Empresa.

Pensamientos automáticos de auto-observación:

Las funciones autónomas deben permanecer libres de un control consciente para desarrollarse con naturalidad, por lo que la intelectualización obsesiva que ejerce un control consciente sobre la experiencia sexual se ha descrito como un mecanismo muy común y prolífico para los trastornos sexuales. Una actitud muy típica en estos casos es la de "espectador", esto es, el convertirse en juez y jurado en la propia ejecutoría sexual, en la cual la mujer se vigila a sí misma para ver si está actuando "satisfactoriamente" o, lo que es más frecuente, observa de cerca a su compañero durante el acto sexual en busca de cualquier signo de que está cansado, no muy excitado o disgustado con la actuación de ella. No es sorprendente que estas preocupaciones imposibiliten el abandono de la mujer a la experiencia erótica (Kaplan, 1978).

En general, hay consenso en que para las mujeres no es fácil dejarse llevar por el deseo y perder el control. Según Politzer y Weinstein, la razón de esto es que "las mujeres han sido rigurosamente educadas para estar siempre pendientes y atentas a lo que ocurre, es decir, para mantener una actitud más bien de observadoras del acto sexual que de participantes activas" (Politzer & Weinstein, 2005, p. 233). Para la mayoría de las mujeres, la percepción de sus sensaciones genitales ocupan un papel secundario en la experiencia de excitación; por lo que generalmente tienden a focalizarse más en aspectos situacionales relacionados con su actividad sexual y desarrollan cogniciones distractoras que de poco ayudan para alcanzar el goce erótico (Carrasco en Manzo, 2006).

Estilos atribucionales culpabilizadores:

La atribución es el proceso cognitivo mediante el cual las personas explicamos las situaciones que experimentamos. Así, por ejemplo, ante el fracaso en el logro del orgasmo, algunas mujeres se lo explicarán aludiendo a la mala suerte, mientras que otras podrán pensar que son muy torpes o incapaces, mientras otras considerarán que sus parejas son incompetentes. Dependiendo de qué razones se aduzcan, se experimentarán diferentes emociones.

Según Lucas y Cabello (2006), las mujeres con trastorno orgásmico son mujeres que tienden a culparse a si mismas por ello y que ésta atribución de causa, las hace sentir desvalorizadas, afectando su autoestima.

Según Beck, en muchos casos las parejas tienden a atribuirse mutuamente mala voluntad y se culpan mutuamente tanto del origen como de la dificultad para mejorar la situación. No comprenden que cada uno percibe las circunstancias en forma diferente y que a ninguno se le puede culpar de mala intención (Beck, 1990). Y esto hace que la baja autoestima trascienda a la mujer y alcance a la pareja, y a todo el self diádico.

El siguiente cuadro resume las variables cognitivas de origen, mantención y/o cambio del Trastorno Orgásmico Femenino:

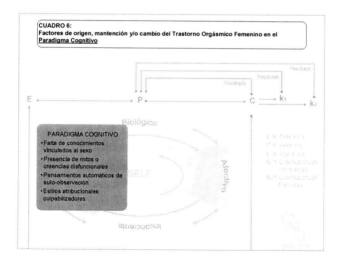

3.2.4. Paradigma Afectivo

Respecto al **paradigma afectivo**, el EIS plantea que *"los eventos y estructuras afectivas (en los que predomina la energía) pueden ejercer una influencia causal generando cogniciones, conductas e incluso cambios fisiológicos en el organismo"* (Opazo, 2001, p. 113).

Los siguientes son los principales hallazgos respecto a la influencia del paradigma afectivo en la sexualidad femenina en general y en la aparición o mantenimiento del trastorno orgásmico en particular:

Estado de ánimo depresivo y trastornos del ánimo:

Existe suficiente acuerdo en que el estado de ánimo depresivo puede causar una disminución progresiva del interés en la conducta sexual que desemboca en una baja de la libido, dificultades en la excitación sexual, anorgasmia secundaria y/o una declarada aversión sexual (Graziottin, 2000). La dirección de dicha relación, además, tiende a ser de dos vías, es decir, los propios problemas sexuales pueden a la vez causar o agravar los síntomas depresivos (Althof et al, 2005).

Asimismo, y tal como se señaló en la revisión del paradigma biológico, la depresión es el trastorno psiquiátrico que con más fuerza se vincula a las disfunciones sexuales (Manzo et al, 2004; Pasqualotto et al, 2005), aunque muchos autores sostienen que son los antidepresivos que se toman para el tratamiento de esta enfermedad –especialmente los ISRS- los que generan en realidad los efectos adversos sobre la sexualidad (Meston & Frohlich, 2001; Pérez & Montero en Montejo, 2005; Nurnberg, 2008).

Miedo al rechazo:

La evaluación que desde su propia perspectiva hace una mujer sobre su capacidad para cumplir las exigencias culturales respecto a atractivo sexual, orientación sexual o respuesta sexual son fuente de alto estrés e incluso de evitación de la intimidad (Tiefer et al, 2002). Kaplan ya afirmaba, muchos años atrás, que las mujeres son especialmente vulnerables a la angustia del rechazo. "Ciertas respuestas habituales, como "tengo que apresurarme y tener un orgasmo porque si no le decepcionaré", o "mis pechos no son lo suficientemente grandes como para excitarle", o "no puedo tardar tanto tiempo porque se va a impacientar", han destruido el buen funcionamiento sexual de un inmenso número de mujeres" (Kaplan, 1978, p. 199). De esta manera, muchas de ellas ni siquiera se atreven a confesar que no sienten lo que se supone debieran sentir o se espera que sientan por temor al rechazo y a la pérdida del ser amado (Politzer & Weinstein, 2004).

El deterioro de la autoestima y de la imagen corporal juega un rol muy importante en la sexualidad femenina (Manzo et al, 2004; Althof et al, 2005). Puede que una mujer sienta incertidumbre respecto a si su pareja la encuentra sexualmente atractiva, y esto puede provocar ansiedad y tensión, que interfieren con su entrega y disfrute sexual (Pasqualotto et al, 2005; Butcher et al, 2007). Aproximadamente un tercio de las mujeres indican estar conscientes de su imagen corporal durante un encuentro íntimo con alguien (Wiederman, 2000). Por eso, según Politzer y Weinstein, un afrodisíaco imprescindible para las mujeres son los piropos, ya que a ellas les importa –y mucho- que sus parejas las encuentren atractivas y que se lo digan (Politzer & Weinstein, 2005).

Temor al fracaso y ansiedad de rendimiento:

El temor al fracaso es una fuente muy común de ansiedad que bloquea la respuesta sexual en muchas mujeres (Althof et al, 2005). El exceso de crítica sobre la propia capacidad de agradar a la pareja, que a su vez hinca sus raíces en el temor al rechazo, constituye también una fuente de ansiedad muy importante y es probable que se recuerde cada vez que se intente hacer el amor (Kaplan, 1978).

Para Sarquis, las disfunciones orgásmicas en la mujer tienen lugar con mayor frecuencia en personas inseguras o que se encuentran constantemente presionadas por la necesidad de ser las mejores y no fracasar. De esta manera, más que realizar un acto de dar y recibir placer, buscan hacerlo bien (Sarquis, 1995). "Cuando uno tiene confianza en que el otro le comprende, no le va a rechazar ni humillar, disminuye enormemente el temor al fracaso sexual. Por el contrario, si no hay confianza en el compañero, si la persona prevé que un rendimiento sexual no del todo perfecto va a tropezar con una respuesta hostil, catastrófica o de rechazo, el fracaso sexual será extraordinariamente traumático" (Kaplan, 1978, p. 240).

Para funcionar bien sexualmente es preciso que la mujer se abandone a la experiencia erótica y de perder hasta cierto punto el contacto con su medio ambiente. La preocupación de una mujer por la lentitud de su respuesta o por el "trabajo" que requiere para alcanzarla es una fuerza altamente destructiva que impide el estado de relajación necesario para el goce sexual (Kaplan, 1978). También puede ocurrir que las mujeres se sientan incómodas debido a que son (o se sienten) incapaces de tener un orgasmo o a tenerlos con poca frecuencia. Esto provoca que se finja para satisfacer a la pareja, pero esto a su vez frustra a la mujer y la llena de resentimiento contra su pareja, a la cual acabará culpando de no percatarse de sus auténticos sentimientos y necesidades, y esto sólo contribuirá a aumentar sus dificultades sexuales (Butcher et al, 2007).

Entre las tareas terapéuticas que se suelen emplear en estos casos destaca la de crear un ambiente de "no exigencia" para dar primacía al objetivo del placer sensual, en vez de la ejecución erótica y el orgasmo[9].

Incomodidad y culpa ante el placer:

La obsesión por complacer y servir, sin decepcionar, puede constituirse en una fuente muy grave de emociones destructivas. Muchas mujeres no se animan a

---

[9] Este tema se abordará con mayor profundidad en el Capítulo IV: "Lineamientos para una Terapia Sexual".

decir dónde y cómo quieren ser acariciados y qué tipo de estimulación desean. Además, al sentir que comienzan a excitarse, son incapaces de saborear esta sensación y, en lugar de ello, ponen punto final señalando estar preparadas para la introducción vaginal, mucho antes que se haya alcanzado un alto nivel de tensión sexual (Kaplan, 1978). En un estudio realizado en 1990 en la Universidad de Utah, se comparó mujeres orgásmicas con anorgásmicas y se pudo ver que éstas últimas, además de tener actitudes negativas hacia la masturbación y adscribir fuertemente a mitos sexuales –temas que ya hemos abordado anteriormente-, mostraban mayor culpabilidad sexual (Kelly et al, 1990).

En situaciones donde la mujer siente culpa por pedir placer, a menudo es esencial enseñarle el valor del "egoísmo" transitorio para que pueda abandonarse a la experiencia sexual y puede ser útil prescribir ejercicios eróticos donde la pareja se dé y reciba placer alternadamente (Kaplan, 1978).

El rol que cumple la incomodidad y/o culpa ante el placer puede ejercer su efecto de forma solapada y lejos de la consciencia de la mujer, por lo que se volverá a revisar este punto cuando se analicen las variables que actúan desde el paradigma inconsciente.

El siguiente cuadro resume las variables afectivas de origen, mantención y/o cambio del Trastorno Orgásmico Femenino:

CUADRO 7:
Factores de origen, mantención y/o cambio del Trastorno Orgásmico Femenino en el Paradigma Afectivo

PARADIGMA AFECTIVO
• Estado de ánimo depresivo y trastornos del ánimo
• Miedo al rechazo
• Temor al fracaso y ansiedad de rendimiento
• Incomodidad y culpa ante el placer

3.2.5. Paradigma Inconsciente

De acuerdo al EIS, el **paradigma inconsciente** asume que *aquellas actividades mentales de las cuales el sujeto no está consciente, es decir, que son desconocidas a la conciencia, tienen influencia sobre cogniciones, afectos y conductas* (Opazo, 2001).

A continuación se presentan los principales temas que han sido descritos como influyentes en el desarrollo de trastornos sexuales femeninos, y que residen en el inconciente del sujeto, desde donde ejercen su acción de manera silenciosa pero, muchas veces, implacable.

Ansiedad y culpa inconsciente:

Ya hemos visto que un concepto importante para la comprensión de los trastornos sexuales es la culpa hacia el placer sexual, atribuidos históricamente por Freud a la conciencia o súper yo, y que muchas veces trastorna la función sexual de la mujer sin que ésta sea consciente de ello. Según Kaplan, la ansiedad y culpa inconsciente hacen que la mujer evite experimentar el placer sexual o, en el mejor de los casos, adopte una serie de compromisos insatisfactorios. Según la autora, tampoco es raro que ahuyente inconcientemente a compañeros sexuales que podrían ser estimulantes y rehuya las formas eficaces de estimulación, que llene su existencia de una serie de actividades compulsivas que dejen poco tiempo para el amor, o bien, que elija para hacer el amor a un compañero no atrayente y en circunstancias que exigen el apresuramiento (Kaplan, 1978).

Alexitimia "erótica":

Una defensa corriente contra el miedo, ansiedad o culpa suscitada por las experiencias sexuales consiste en negar o no percibir las sensaciones eróticas. Muchas mujeres se encuentran por esta razón "fuera de contacto" con una serie de vivencias eróticas que suelen ser evocadas por las caricias, los besos y el tacto (Kaplan, 1978). Politzer y Weinstein agregan: "la ansiedad por cumplir correctamente, sin saber si está bien o mal gustar de una caricia en los pechos o molestarse por el contacto intenso en el clítoris, suele nublar lo que cada una realmente siente. El placer propio va quedando relegado en forma trágica a un segundo plano" (Politzer & Weinstein, 2004, p. 45).

Un estudio realizado en Inglaterra con 2035 mujeres —cuyos hallazgos fueron publicados en el 2009- demostró que una baja inteligencia emocional, entendida ésta como la habilidad de identificar y manejar las sensaciones y emociones propias y hacia otros- aparece como un factor de riesgo significativo en las dificultades para alcanzar el orgasmo, ya sea durante una relación sexual o durante la masturbación (Burri et al, 2009).

Al respecto, Kaplan recomienda trabajar experiencias de re-sensibilización que ayudan al paciente a superar sus defensas perceptivas, alentando la experiencia de sensaciones y sentimientos de ternura y erotismo hasta entonces evitados. En situaciones donde la paciente no sabe qué tipo de estimulación requiere para alcanzar el placer, puede ser útil prescribir ejercicios eróticos donde la pareja explore modos de estimulación diversos para conocer cuanta gratificación les proporcionan (Kaplan, 1978)[10].

Experiencias traumáticas reprimidas:

Como ya vimos en lo referido al paradigma ambiental-conductual, las experiencias previas de abuso físico, sexual o emocional parecen influir negativamente en la capacidad de las mujeres de vivir sanamente su sexualidad y alcanzar la gratificación en ella (Tiefer et al, 2002; Lightner, 2002; Althof et al, 2005; Burri et al, 2009). Estas experiencias muchas veces pueden ejercer su influencia en la psiquis humana de manera soterrada, sobretodo en la medida que escapan a la consciencia, ya sea porque cuando tuvieron lugar el cerebro y los órganos asociados a la memoria estaban recién en desarrollo o, sobre todo, porque la persona las ha reprimido inconscientemente para esquivar el dolor y perturbación que le generan.

Deseos de reivindicación:

Algunas mujeres albergan rabia y envidia hacia los hombres a partir del papel reprimido, inseguro y explotado que han debido jugar en nuestra sociedad. La imposición de roles puede crear un conflicto tremendo en la mujer (Kaplan, 1978), e "Inconcientemente, la falta de deseo puede convertirse en la gran venganza para compensar las innumerables ocasiones en que la mujer siente que ha sido pasada a llevar, no considerada en la toma de decisiones, menospreciada e ignorada en sus gustos, opiniones y necesidades" (Politzer & Weinstein, 2005, p. 196).

La capacidad de entregarse sexualmente al otro puede constituir, entonces, un símbolo de rendición. La motivación de las luchas de poder así como la cólera que engendra y sus efectos destructivos sobre ambos individuos, suelen actuar

---

[10] Este tema se abordará con mayor profundidad en el Capítulo IV: "Lineamientos para una Terapia Sexual".

sin que la pareja se dé cuenta (Kaplan, 1978). "Cuando una mujer se siente disminuida, es muy posible que no encuentre mejor terreno para hacerse oír que el del sexo. Inconscientemente se hará fuerte e independiente en la única decisión autónoma que le queda: cuándo se hace el amor" (Politzer & Weinstein, 2005, p. 228). Y no es sorprendente que una mujer sea incapaz de alcanzar el orgasmo porque éste representa inconscientemente el satisfacer a su "enemigo" (Kaplan, 1978). Podría decirse que la rabia destruye el deseo (Sarquis, 1995).

Para la feminista Gabriela Malagueña, la necesidad de reinvindicación nutre formas histéricas de comportamiento sexual, y surge como protesta ante la cultura patriarcal y una socialización plagada de mensajes que convierten a las mujeres en subordinadas al deseo masculino. Dice la autora: "coquetear con la histeria (…) nos permite reivindicarnos como sujetos deseantes. Así, hoy hemos hecho posible que los hombres sean objeto de nuestro deseo, hemos hecho posible decir: "yo te quiero a ti, te quiero ahora y para mí"" (Malagueña, 2006, p. 107).

El siguiente cuadro resume las variables inconscientes de origen, mantención y/o cambio del Trastorno Orgásmico Femenino:

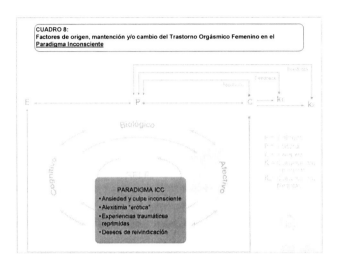

CUADRO 8:
Factores de origen, mantención y/o cambio del Trastorno Orgásmico Femenino en el
Paradigma Inconsciente

3.2.6. Paradigma Sistémico

En cuanto al **paradigma sistémico**, el EIS *"asume que un sistema implica un todo, un número de elementos que se mantienen en interacción, en el cual el todo es más que la mera suma de sus partes; un sistema se comporta de acuerdo a patrones de causalidad circular en un proceso que no tiene ni comienzo ni fin. La búsqueda de conservar su punto de equilibrio homeostástico o de conservar su coherencia sistémica, lleva a los sistemas a la resistencia al cambio o morfostasia"* (Opazo, 2001, p.115).

Como el sentido común indica y como han podido comprobar los estudios, la satisfacción de pareja es un buen predictor de la satisfacción sexual en mujeres y hombres, y viceversa (Byers, 2005); y por consiguiente, las dificultades sexuales pueden a su vez tener causas de origen, pero sobretodo de mantención, en problemas del sistema diádico.

Las preocupaciones respecto a la pareja suelen "meterse a la cama" y convertirse en pensamientos que interfieren en la vida sexual, siendo esta tendencia mucho más propia de las mujeres que de los hombres (Birnbaum & Laser-Brandt, 2002).

Un análisis de casos, de una muestra de 200 consultas matrimoniales a lo largo de dos años, en el Consultorio Externo de Psicología de la Universidad Católica y en la consulta particular de la psicóloga Clemencia Sarquis, arrojó que un 75% de las parejas que presentan dificultades en el ámbito sexual, tienen problemas en las demás áreas de la relación. Y asimismo, un 75% de las parejas que presentan desavenencias en otras áreas de la relación, tiene problemas sexuales (Sarquis, 1995).

En relación a lo anterior, Rosenzvaig (2008) menciona: "los problemas de la experiencia sexual en pareja son complejos porque siempre tienen que ser considerados a partir de tres variables: dos individuales y una conjunta. Cada sujeto trae consigo experiencias negativas y positivas, expectativas y necesidades personales; todos ellas se combinan con las que aporta su pareja. De este entrecruzamiento surgen los conflictos (...)" (p. 152).

Distancia psíquica y poca sintonía vivencial:

La distancia psíquica y la poca sintonía vivencial son dos conceptos movilizadores desarrollados por el EIS, que aluden principalmente a las fisuras que se pueden dar al interior del sistema diádico. Se utilizan en este apartado para conceptualizar lo que diversos autores describen como desencuentros o desequilibrios al interior de la pareja, con los consecuentes efectos en la vida sexual.

Politzer y Weinstein (2005) sostienen que "las parejas que logran desarrollar una vida sexual placentera son aquellas que asumen la realidad del otro, detectan los tiempos adecuados para cada uno, son sensibles a los factores externos que pueden acelerar o frenar el impulso sexual, y están atentos a la relación de pareja en su conjunto" (p. 193). Asimismo, "una mujer que se sabe acogida y comprendida por su pareja estará mucho más dispuesta al encuentro sexual" (p. 88), ya que cuando el compañero comparte sus inquietudes respecto de los hijos, del trabajo, de las amistades, en definitiva, de su mundo y de las cosas que a ella le interesan, se sentirá acompañada y querida en su totalidad –y no sólo sexualmente-, y tendrá más ganas de llegar a la cama (Politzer & Weinstein, 2005).

El buen manejo de los conflictos y, por otro lado, la capacidad de entretenerse en pareja son dos variables que correlacionan positivamente con la satisfacción sexual que declaran las mujeres (Fuentes, 2010). Sin embargo, esta "sintonía" entre las parejas no siempre se da, y no es raro que tanto hombres como mujeres sientan que sus parejas no empatizan con sus necesidades, no comparten sus vivencias y no tienden puentes para la comunicación afectiva. La simple rutina diaria puede llevar a los miembros de una pareja en direcciones diferentes o incluso incompatibles. Los ritmos madurativos de cada uno y las propias experiencias de crecimiento que enfrenten también harán lo suyo. Y, por su puesto, las experiencias traumáticas -tales como pérdidas de un hijo, abortos, infertilidad, infidelidades- actuarán como caldo de cultivo para que dichas distancias se multipliquen (Tiefer et al, 2002). El desdén será una de las formas en que se manifestará el abismo vivencial que se extenderá al interior de la pareja. Y la rabia será otra. Al respecto Kaplan dice: "hay mujeres tan encolerizadas con sus maridos que se crispan cuando éstos les tocan siquiera la mano, y aún así no son conscientes de que esta rabia es incompatible con una respuesta sexual" (Kaplan, 1978, p. 235).

Mala comunicación:

Las parejas con disfunciones sexuales suelen mostrar un nivel de comunicación insatisfactorio en esta materia. Más bien navegan en la oscuridad, y se orientan por premisas falsas con respecto a la respuesta sexual del compañero. Muchas veces la falta de franqueza en el terreno sexual no es sino parte de un problema más amplio de comunicación que afecta a la relación en general (Kaplan, 1978).

No es raro que entre los miembros de una pareja existan expectativas o necesidades distintas que nunca se explicitan (Pasqualotto et al, 2005;

Barrientos & Páez, 2006; Lo, 2009). "Las mujeres prefieren callar antes que correr el riesgo de herir o afectar la seguridad personal del otro. Sólo se lanzan a la aventura de expresar sus deseos después de largo, largo tiempo, cuando ya la acumulación de frustraciones e insatisfacciones desbordan el silencio, en un intento de salvar la relación amorosa" (Politzer & Weinstein, 2005, p. 53).

El problema no es sólo la falta de comunicación, sino la dificultad de hacerlo de manera eficaz, ya que muchas veces uno de los miembros habla en forma oblicua y el otro capta poco y nada. Goleman (1996) agrega que uno de los graves problemas de las parejas al comunicarse, parece ser que ante un problema o situación, tienden a criticar de forma destructiva a la persona más que al hecho mismo. El lenguaje en vez de ayudar a la comunicación con el otro, muchas veces contribuye a aumentar el desencuentro –en la medida que el otro entiende como críticas las demandas que su pareja le plantea- y a ocultar aún más los secretos en vez de revelarlos (Politzer & Weinstein, 2005).

Falta de intimidad y "sabotaje" sexual:

Según LoPiccolo, muchas personas hacen del sexo el ítem de prioridad más bajo en su vida. El sexo ocurre cuando todas las responsabilidades, como trabajo, cuidado de los niños, amistades y responsabilidades familiares han sido satisfechas. Esto usualmente asegura que el encuentro sexual tenga lugar con baja frecuencia, en forma rápida, tarde en la noche y cuando ambos miembros de la pareja están física y mentalmente fatigados. La separación rígida e insatisfactoria de los roles de cada uno es también una influencia negativa importante en la relación sexual de muchas parejas. Si ambos no pasan tiempo juntos y no comparten la responsabilidad de las tareas del diario vivir, es improbable que ellos encuentren que el sexo sea una experiencia compartida gratificante e íntima (LoPiccolo & LoPiccolo, 1978).

En todas las relaciones sexuales deficientes al menos uno de los miembros puede estar impidiendo que florezca la expresión sexual del otro, y lo hace además de una manera encubierta, es decir, no reconocida ni detectada por ninguno de los dos. Esto es lo que se suele llamar "sabotaje sexual" y algunos de los tipos más comunes son:

- Crear un ambiente de presión y tensión antes de hacer el amor: riñas, criticas, amenazas.
- Posponer el sexo cuando al compañero le apetece, y exigirlo cuando ya no está a tono.
- Destruir el propio atractivo sexual por medio del desaseo, obesidad, etc.
- Frustrar los deseos sexuales del compañero (Kaplan, 1978).

Diversos estudios internacionales (Fortín, 1994; McCabe en Australia, 1997; Laumann en USA, 1999) han demostrado el importante rol que la falta de intimidad de pareja juega en la insatisfacción sexual y en el incremento de disfunciones sexuales, sea debido a variables comunicacionales o a la presencia de hijos que alteraban de alguna forma el grado de intimidad de la pareja (Oelrich, 2006: Haning et al, 2007). La baja frecuencia en las relaciones sexuales se ha visto asociado de manera significativa a una baja satisfacción con la vida sexual en general (Fuentes, 2010; Barrientos y Páez, 2006). La explicación de esto puede ir en dos direcciones: o bien la falta de satisfacción desincentiva el interés por tener relaciones sexuales, o bien, la falta de relaciones sexuales impide a la pareja conectarse, comunicarse y mejorar la forma en que pueden proporcionarse placer mutuamente.

Los factores espaciales o higiénicos también determinan el nivel de intimidad que logra alcanzar una pareja. La imposibilidad de tener un dormitorio propio, con una puerta a la que poder ponerle llave; la posibilidad indeseada de ser escuchados o de escuchar ruidos disturbadores puede bloquear las sensaciones sexuales de una mujer (Politzer & Weinstein, 2005).

Violencia sexual:

En un estudio realizado el año 2001, un 43.2% de las mujeres chilenas de la Región Metropolitana que actual o anteriormente han estado casadas o conviviendo, reconocen haber vivido violencia por parte de su pareja. De ese total, el 14,9% habría experimentado violencia sexual (Universidad de Chile, 2001), siendo obligadas a mantener relaciones sexuales a partir de la fuerza física, las amenazas verbales o el chantaje económico. Los ataques sexuales inferidos a las mujeres por parte de sus parejas (no sólo en el matrimonio, sino desde el noviazgo) son cotidianos en las mujeres receptoras de violencia, principalmente en forma de violación; sin embargo el pretexto más recurrente para la agresión es el supuesto cumplimiento del "deber marital" (Lau, 2008).

En la violencia sexual se reúnen probablemente todos los factores anteriormente descritos como causantes o mantenedores de disfunciones sexuales y en sí misma se ha descrito como causante de éstas. Al respecto, la ginecóloga Patricia Aliaga sostiene que un porcentaje importante de las consultas ginecológicas por Disfunciones Sexuales en el Hospital Clínico de la Universidad de Chile, tienen de base un cuadro de VIF y, específicamente, violencia conyugal (Aliaga et al, 2003).

En un estudio presentado el 2008 en el VI Coloquio Nacional de la Red de Estudios de Género del Pacífico Mexicano se entrevistó a 37 mujeres víctimas de violencia y se concluyó que el 91.9% tenía dificultades para disfrutar las relaciones sexuales –de hecho, el 30% NUNCA las había disfrutado-, entre otras cosas debido a la imposición del acto sexual de su pareja y la ausencia de manifestaciones de afecto, entre otros (Lau, 2008).

Falta de atracción física:

Un factor relacional aparentemente banal, y a menudo poco valorado, es la verdadera deseabilidad de la pareja. La poca atención a una buena higiene, al cuidado de uno mismo y de la atmósfera sutil del cortejo, que deben cultivarse incluso en las relaciones de larga duración, pueden precipitar un rápido desgaste natural de la pareja como objeto de deseo sexual, que lleve a la indiferencia o a una franca aversión (Graziottin, 2000).

Que la pareja huela mal o ande con el pelo sucio son factores determinantes en la decisión de una mujer de aceptar o no una invitación a la cama (Politzer & Weinstein, 2005).

El siguiente cuadro resume las variables sistémicas de origen, mantención y/o cambio del Trastorno Orgásmico Femenino:

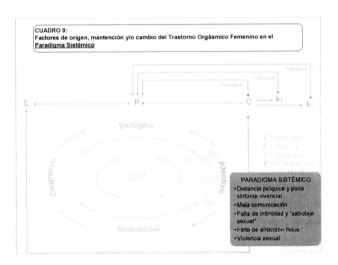

CUADRO 9:
Factores de origen, mantención y/o cambio del Trastorno Orgásmico Femenino en el Paradigma Sistémico

IV.
LINEAMIENTOS PARA UNA TERAPIA SEXUAL

4.1. Algunas consideraciones

Desde Masters y Johnson a la fecha, la literatura ha ofrecido diversas estrategias y técnicas terapéuticas y médicas para compartir las DSF. Las revisiones de antaño y las actuales, sin embargo, arrojan serias consideraciones respecto a las características metodológicas (homogeneidad de las muestras, existencias de grupos control, etc.) con que han buscado investigar, comparar y evidenciar su eficacia (Andersen, 1983; Labrador & Crespo, 2001).

Esto no quiere decir, necesariamente, que las terapias psicológicas sexuales sean ineficaces, pero sí que muchas no han conseguido constatar empíricamente su influencia –sobretodo, porque es común que los programas aplicados sean "paquetes multicomponentes", siendo más difícil aún entender el aporte diferencial de cada intervención- . Esto explicaría la importancia que están tomando en este ámbito los acercamientos médicos y biológicos en general, los que –por mucho- superan la capacidad de la psicología de medir y validar sus resultados (Labrador & Crespo, 2001).

Existen, además, serias discrepancias de lo que se podrá considerar como éxito o no de un tratamiento. Para Helen Singer Kaplan, el objetivo primario de toda terapia sexual consiste en aliviar la disfunción del paciente y se considera finalizada cuando ésta desaparece, y los factores responsables del problema han sido identificados y resueltos lo suficientemente como para garantizar que el funcionamiento sexual de la persona es permanente y sólido en grado razonable (Kaplan, 1978). Un grado razonable, sin embargo, para algunos consistirá con que la mujer consiga el orgasmo con independencia del tipo de estimulación requerido; para otros, el criterio de referencia será que la mujer consiga el orgasmo en su relación de pareja; otros precisarán que sea además necesario que lo consigan durante el coito, e incluso –contraviniendo toda la evidencia respecto a la fisiología del reflejo orgásmico femenino- buscarán que éste se consiga con la penetración, sin que haya que llevar a cabo una estimulación adicional (Labrador & Crespo, 2001).

Más allá de tomar una posición a priori respecto a este tema, parece adecuado sostener que los objetivos —y, por tanto- indicadores de éxito de una terapia sexual- debieran ser, sí o sí, acordados con el paciente y contextualizados a partir de lo que la evidencia arroja como esperable o no para el desempeño sexual en términos nomotéticos y también idiosincráticos (según género, edad, condiciones de salud, etc.).

Rosenzvaig (2008) aclara que "las personas estiman en forma totalmente subjetiva las experiencias concretas que les brindan satisfacción y placer; es decir, ni ellas ni los expertos pueden aplicar patrones de evaluación universales que midan la calidad de su vida sexual" (pág. 146). De todas maneras, se ha intentado fijar parámetros en relación a la frecuencia de las relaciones sexuales, la creatividad y cambio en las escenas amorosas, la cantidad y la calidad de los orgasmos alcanzados, la diversidad de técnicas, etc. (Rosenzvaig, 2008). Para un terapeuta de pareja, estos datos serán sólo referenciales, pero nunca se impondrán a ninguna pareja, siendo siempre el parámetro de evaluación de la vida sexual de una pareja, el nivel de satisfacción que cada uno manifieste.

A continuación se expondrán una serie de alternativas para el tratamiento de la anorgasmia femenina —la gran mayoría de las cuales, como se verá, son directas herederas del trabajo de Masters y Johnson y de los aportes de Helen Singer Kaplan, sin que realmente aparezcan grandes innovaciones desde entonces- y se constatará, cuando sea posible, el nivel de evidencia que ofrecen como respaldo. Cabe señalar que no todas apuntan de manera directa a superar el trastorno orgásmico femenino, pero —en vista de la co-morbilidad y solapamiento propio de la dinámica de las disfunciones sexuales- pueden ser un importante aporte para mejorar integralmente la respuesta sexual de la mujer y facilitar así que ésta logre alcanzar el orgasmo.

4.2. Estrategias psicoterapéuticas

Fase didáctica y psicoeducación:

La Psicoterapia Integrativa considera la fase didáctica como una manera de preparar al paciente, adecuando expectativas, aumentando la comprensión del proceso, lo que a su vez potencia la motivación y las opciones de colaboración activa (Opazo, 2001). Es relevante mostrar a los pacientes el fundamento conceptual en base al cual el terapeuta comprende el funcionamiento psicológico de cada persona y según el cual dirige su actuar psicoterapéutico. Según esto, puede ser deseable primeramente que el terapeuta exponga y explique el diagrama del EIS, de manera que los pacientes comprendan a grandes rasgos, por un lado, el enfoque psicológico según el cual se les tratará, y por otro lado, logren una comprensión general de qué es lo que les puede estar ocurriendo a nivel individual.

Según Opazo, "(...) una adecuada clarificación vía fase didáctica ensancha el awareness, incrementa la motivación al cambio, permite un ajuste de expectativas, facilita una colaboración activa del paciente al proceso terapéutico, y facilita un mayor aporte clínico del tiempo "inter-sesiones" (...) una fase didáctica bien desarrollada y con la prestancia apropiada, fortalece la creencia del paciente en su terapia, con el consiguiente fortalecimiento del efecto placebo" (Opazo, 2001, p. 195-196).

Diversos autores han sostenido que la mayoría de las pacientes que sufren disfunciones sexuales suelen ser altamente ignorantes tanto en biología básica como en técnicas sexuales. Por esta razón, dentro de la fase didáctica, una segunda intervención terapéutica es asegurar que tanto las mujeres como sus parejas tengan un espacio de psicoeducación que les permita contar con un conocimiento preciso –aunque no normativo- del ciclo de respuesta sexual – con todas sus versiones posibles, y de técnicas sexuales efectivas. LoPiccolo, ya en la década del 70, sostuvo que a pesar de que probablemente esta información, por sí sola, no es suficiente para producir una disminución de los síntomas de la disfunción, sí es necesaria para que el tratamiento sea exitoso (LoPiccolo & LoPiccolo, 1978).

La fase de psicoeducación no sólo debiera ir dirigida a entregar información sino a ofrecer a los pacientes nuevas miradas respecto a la sexualidad que aporte a :

- normalizar las necesidades y respuestas sexuales (cuando se trata de pacientes con rígidas y negativas creencias acerca de sexo),
- a tener puntos de referencia realistas (cuando se trata de pacientes que suponen y exigen niveles irracionales de *performance* sexual),
- a conocer las diferencias de género en lo que respecta a la sexualidad (cuando se trata de pacientes que consideran que lo que es bueno para sí mismos debiera ser bueno para la pareja), etc. (González & Lacera, 2007).

Diagnóstico integrativo:

Si bien la evaluación de las disfunciones sexuales se complica básicamente por las dificultades que los propios pacientes plantean a la hora de entregar datos que los "avergüenzan", es posible que se exacerbe incluso por el pudor que experimentan los propios terapeutas (sobre todo aquellos con menos bagaje clínico) de abordar problemáticas sexuales. Según el psicólogo Rodrigo Jarpa, autor del libro "Habla de Sexo" y miembro del Centro de Psicoterapia y Salud Sexual, en la terapia sexual hay que preguntar hasta lo más básico y no dar por sentado nada (Jarpa, 2009).

Lucas y Cabello (2007), ofrecen una lista de temas que debieran abordarse ineludiblemente ante cualquier trastorno sexual (y según los autores, de manera consecutiva en las primeras tres o cuatro sesiones) para lograr un buen diagnóstico de éste, en términos de precisión, tratamiento y pronóstico. Dichos temas, que coinciden en gran medida con los elementos aportados por los paradigmas que el mismo EIS propone para la comprensión de los fenómenos psicológicos en general y de la anorgasmia en particular, son los siguientes:

Problemática actual: Qué le pasa a la paciente, desde cuándo (diferenciar disfunción primaria o secundaria), momento de la aparición (brusca o paulatina, y ligada a qué acontecimientos), y si se da en todas las ocasiones (generalizada) o sólo en ciertos contextos o situaciones (situacional).

Conductas sexuales: Necesidades y periodicidad de las relaciones sexuales, tiempo y dedicación a juegos eróticos, posturas y secuencias sexuales más habituales y más satisfactorias (ya que no siempre coinciden), y todo tipo de pautas y hábitos sexuales que entregue información respecto a la forma en que la paciente "vive" la sexualidad.

Antecedentes médicos: Antecedentes mórbidos pasados y actuales, antecedentes psiquiátricos, ingestión de fármacos, hábitos en consumo de substancias, métodos anticonceptivos, dificultades menstruales o mecanismos de control de cambios del climaterio.

Atribuciones del problema: Pensamientos que la paciente tiene antes, durante y después de las relaciones sexuales, creencias respecto al sexo, fuentes de conocimientos y de referencia disponibles en su entorno, e influencias valóricas (de carácter religioso, esotéricas, políticas, etc.) con alcances a lo sexual.

Historia psicosexual: Estilos de apego tempranos, inicio de la atracción sexual, primeros juegos eróticos infantiles o púberes, descubrimiento del placer sexual, inicio y evolución de las fantasías eróticas, inicio y hábitos de masturbación, circunstancias de primeras relaciones sexuales y eventuales experiencias traumáticas vinculadas a lo sexual.

Relación de pareja actual: Estado de la relación en términos generales, comunicación, conflictos, atracción física, importancia atribuida y expectativas de cada uno respecto al sexo (frecuencia, duración, desinhibición, placer), acuerdo y apoyo en las tareas de la vida diaria, metas comunes como pareja, relación con familias de origen, regulación del ocio y capacidad de entretenerse juntos.

<u>Estilos de vida</u>: Alimentación, peso (o sobrepeso), práctica de deportes, estresores, tiempo dedicado al trabajo y al tiempo libre, tiempo dedicado a la pareja y tiempo dedicado a la familia, etapa del ciclo vital de la pareja, espacios de privacidad, etc.

Explorar las creencias y temores:

Según Kaplan, cuando se sacan a la superficie los temores, estos pierden una gran parte de su capacidad para hacer daño. Los temores, tanto conscientes como inconscientes, que subyacen a la inhibición orgásmica son muy diversos. Algunas mujeres temen morir si tienen un orgasmo; otras identifican el orgasmo con una pérdida de control, otras temen que una vez alcanzado su primer orgasmo van a preocuparse excesivamente por el sexo. Casi todas creen, en un nivel u otro, que su vida va a cambiar dramáticamente después de su primer clímax. Durante el proceso psicoterapéutico es importante ayudar a la mujer a identificar sus temores, a comprender los componentes irracionales de éstos y, paradójicamente, a darse cuenta de que su vida no va a mejorar espectacularmente después de haber alcanzado el orgasmo. En resumen, ayudarla a entender que el orgasmo es simplemente un reflejo y que no tiene ninguna de las cualidades simbólicas que se le suelen atribuir (Kaplan, 1978).

Para LoPiccolo es esencial, al inicio de cualquier tratamiento sexual, el diferenciar entre aquellas mujeres anorgásmicas que están <u>inhibidas</u> y aquellas que sufren <u>ansiedad por rendimiento</u>. Según el autor, una mujer inhibida tiene temores derivados de una historia de adoctrinamiento negativo acerca del sexo proveniente de sus padres, instituciones educacionales o de la religión, encuentra el sexo repulsivo, no se excita y probablemente comenzará la terapia con aversión. Por otra parte, la mujer con ansiedad por desempeño teme no ser capaz de "responder sexualmente como debiera", pero goza del sexo, se excita y entrará a la terapia deseosa de la experiencia del orgasmo (LoPiccolo & LoPiccolo, 1978).

Eliminar la ansiedad por el rendimiento y promover la distracción:

En general existe consenso en que, para que cualquier terapia sexual sea exitosa, las pacientes deben ser liberadas de la ansiedad acerca de su rendimiento que, como hemos visto, es una poderosa influencia negativa para la respuesta sexual. Por esta razón, es común que como parte del tratamiento se les pida que no sigan calificándose sexualmente y no sigan estando tan centradas en la meta del orgasmo, sino que se centren en gozar el proceso y no en tratar de alcanzar un resultado final. Se trata de desproveer a las relaciones sexuales de un sentido finalista, planteadas como una "prueba olímpica" o como una demostración de capacidades, ya que la obsesión por el orgasmo es el peor enemigo del orgasmo. La premisa es "sentir más que rendir" (Lucas & Cabello, 2007).

El procedimiento terapéutico de prohibir la relación sexual, por ejemplo, hace posible que muchas mujeres gocen con sus parejas al besarse, estrecharse, acariciarse y a través de la estimulación oral o manual de los genitales sin sentir ansiedad de si ocurrirá un orgasmo o no. Darle el "permiso" al otro para que se masturbe como un medio legitimo de satisfacción sexual, también reducirá en algunos casos la demanda por rendimiento (LoPiccolo & LoPiccolo, 1978).

Las tareas sexuales sin exigencias (con lo cual se eliminan las consecución del orgasmo y la prisa por lograrlo como factores de presión) y las prescripciones conductuales ideadas para distraer a la paciente de su vigilancia y permitirle que deje de hacer de espectador y juez ayudan a la paciente a soltar su control sobre los aspectos externos y abandonarse a los sentimientos sexuales (Kaplan, 1978)

El uso de la distracción durante la estimulación posee una aplicación universal en el desencadenamiento de cualquier reflejo inhibido. Si la mujer enfoca conscientemente la atención en su experiencia sexual, si "vigila" el orgasmo, si se mantiene al margen y se juzga a sí misma, suele ser imposible que experiente el orgasmo, ni siquiera con una intensa estimulación. Por lo tanto, durante la experiencia sexual es muy útil enfocar la atención en fantasías eróticas, o en la contracción de los músculos vaginales, o en los movimientos del coito, la respiración o el compañero. Helen Singer Kaplan ya en su tiempo se refería a esta maniobra terapéutica como "distraer al distractor" (Kaplan, 1978, p. 563).

Incrementar la intimidad y comunicación sexual entre la pareja:

Como hemos visto, las parejas disfuncionales tienden a ser incapaces de comunicar claramente sus gustos y disgustos sexuales al otro; esto debido a inhibiciones de discutir el sexo abiertamente, a una sensibilidad excesiva, lo cual es percibido por el otro como una crítica hostil, a inhibiciones acerca de tratar nuevas técnicas sexuales, y a la incorrecta suposición que la respuesta sexual de una persona no cambia en el tiempo, es decir, que una actividad que es agradable en una ocasión será siempre agradable. Por eso es esencial incluir en la terapia sexual el entrenamiento en comunicación asertiva (Alliende, 2009).

Kaplan lo dijo: "necesitamos una retroalimentación recíproca para poder lograr una interacción sexual satisfactoria y poder dar y recibir una estimulación erótica eficaz" (Kaplan, 1978, p. 203). Por eso, a la terapia sexual le interesa sobremanera crear una relación franca entre los miembros de la pareja y una mejor comunicación. "Cuando los deseos y las necesidades reales se expresan sin temor y sin vergüenza, el compañero suele prestarse a satisfacerlo ávidamente. (Kaplan, 1978, p. 204).

En esta misma línea, LoPiccolo recomienda alentar a la pareja a la experimentación y a la abierta y efectiva comunicación acerca de técnicas y respuestas sexuales. Lucas y Cabello (2007) hablan de comunicarse mucho más allá del consabido "¿qué tal?" clásico del final de una relación sexual, el que –según los autores-, en muchas ocasiones es respondido por la mujer con una mentira piadosa (Lucas y Cabello, 2007).

Los procedimientos utilizados incluyen: hacer que la pareja comparta sus fantasías sexuales, leer literatura erótica explícita y ver películas eróticas que muestren nuevas técnicas, entrenar a la pareja en la comunicación durante la interacción sexual, etc. A los pacientes se les aconseja que entrenen al otro a través de mostrar su propia técnica efectiva de masturbación, guíen las manos de su pareja durante las caricias genitales y den al otro una retroalimentación que pase de ser amenazante ("detente, eso no me gusta") a una más eficaz ("se siente mejor si me acaricias más suavemente y aquí en vez de allá") (LoPiccolo & LoPiccolo, 1978).

A veces es posible mejorar la comunicación entre la pareja siendo uno mismo como terapeuta un ejemplo de sinceridad y ausencia de mecanismos de defensa en lo que atañe a los asuntos sexuales. También es útil conseguir que la pareja inicie un diálogo y establezca una corriente de empatía en las sesiones conjuntas. La interpretación, aclaración y resolución de tales transacciones constituye una fase importante de la terapia sexual, porque si no éstas imposibilitarán una relación basada en el placer y en la generosidad mutua (Kaplan, 1978).

Controlar enfermedades somáticas y medicación:

Aún cuando los propios médicos reconocen que los casos de anorgasmia por causas biológicas son escasos, Graziottin (2000) sostiene que existe una negación dramática del componente biológico de la sexualidad femenina y que, por causa de esta falta de conocimiento, se les niega a las mujeres el derecho a tener un completo diagnóstico y tratamiento médicos para la causa biológica potencial de su problema. Como vimos en el capítulo anterior, aún cuando la porción de casos sea pequeña, son muchas las enfermedades –y/o sus correspondientes medicaciones- que pueden afectar la respuesta sexual femenina, razón por la cual en el Diagnóstico Integrativo descrito en este mismo capítulo se definió como requisito el pesquisarlas en la anamnesis y conocer su status médico al momento de comenzar el tratamiento de cualquier disfunción sexual.

En general, los estudios a la fecha muestran que no existen fármacos con eficacia demostrada en el tratamiento de la anorgasmia. Sin embargo, una serie de medicamentos están actualmente en desarrollo para mejorar la excitación femenina e incrementar el torrente sanguíneo vaginal (efedrin, prostaglandin E, fentolamina, apomorfina) y clitorídeo para facilitar el orgasmo femenino (óxido nítrico), aunque ninguno de ellos ha sido aún aprobados por las entidades certificadoras (Lightner, 2002). De todos ellos, el Alprostadil - nombre farmacéutico de la prostaglandina E_1, una proteína natural con propiedades vasodilatadoras- parece ser el más prometedor, ya que muy recientemente se habría probado con algún éxito para el tratamiento de mujeres asiáticas con dificultades de excitación (Liao et al, 2008).

Dado que la respuesta genital femenina depende en gran parte del mismo sistema de neurotransmisores que la respuesta genital masculina, se ha estudiado la posibilidad de que el Viagra (cuyo compuesto es el Sildenafil) también tenga efectos positivos para las mujeres, análogos a los que ejerce sobre los hombres (facilitando el suministro de óxido nítrico, que es el principal neurotransmisor involucrado en la erección del pene). Sin embargo, los estudios han mostrado que cuando una mujer consume Viagra, experimenta una mayor excitación genital que cuando toma un placebo, pero sin embargo no se produce ninguna modificación de su excitación subjetiva y, por lo tanto, no facilita sus sensaciones placenteras (Butcher et al, 2007). El doctor Humberto Berg, miembro de la Sociedad Chilena de Sexología, aclara que en el caso que se aprobara el uso de este medicamento en mujeres, probablemente sólo tendría buenos resultados en aquellas pacientes cuya disfunción se debe a causas físicas (Berg, 2004).

Asimismo, algunas investigaciones sostienen que existen fármacos que facilitan la desinhibición y otros mejoran el deseo. Así, por ejemplo, aparece que el bupropión mejoraría todas las fases de la respuesta sexual y facilitaría la aparición del orgasmo pero a partir de un efecto inespecífico (Modell et al, 2000).

Finalmente, se ha propuesto la administración de andrógenos para aumentar el deseo sexual y la excitación femenina. Para un funcionamiento sexual adecuado parece necesario un nivel mínimo de testosterona pero, una vez alcanzado éste, no se ha constatado que las variaciones de niveles se traduzcan en incrementos en el nivel de deseo (Meston & Frohlich, 2001: Labrador & Crespo, 2001; Lightner, 2002).

Prescribir tareas sexuales:

Muy habitualmente como parte del tratamiento de las disfunciones sexuales femeninas se prescriben tareas específicamente estructuradas para extinguir temores e inhibiciones, para potenciar la erotofilia (Lucas & Cabello, 2007) y para reforzar respuestas sexuales más eficaces. Con ellas, además, se intenta modificar el sistema sexual de la pareja, para que ambos aprendan a reforzar, en vez de castigar, la conducta idónea del otro y, a la inversa, cesando el reforzamiento de respuestas sexualmente destructivas (Kaplan, 1978).

Estas tareas son:

a) Focalización sensorial

La técnica de focalización sensorial fue desarrollada por Masters y Johnson en la década de los 70, y desde entonces y hasta hoy, se utiliza intensamente para el tratamiento de la anorgasmia primaria (Labrador & Crespo, 2001; Meston & Frohlich, 2001; González & Lacera, 2007).

Esta técnica busca superar las defensas que ha levantado la mujer contra la percepción de sus sentimientos eróticos y sensuales (Kaplan, 1978) y para eso prescribe una secuencia de pasos en que la pareja es guiada a través de un programa de ejercicios corporales diseñados para que cada persona conozca sus áreas sensibles en términos sexuales y pueda intercambiar esa información con su pareja para aumentar su placer (Andersen, 1983).

Kaplan (1978) frasea más o menos así las instrucciones dadas a una paciente y su pareja para realizar por primera vez una experiencia de focalización sensorial:

Lo primero que deben hacer es asegurarse de que tendrán tiempo para estar solos, sin interrupciones y con absoluta privacidad.

Tomen una ducha, pongan luz tenue, desnúdense y relájense.

La mujer debe tumbarse boca abajo en la cama. Luego, el hombre le acariciará la espalda de la manera más delicada y tierna que pueda. Mueva sus manos muy lentamente. Si quiere puede usar crema o aceites con aroma. Comience en la parte posterior de la nuca, acaricie sus orejas y continúe bajando lentamente hasta las nalgas, las piernas y los pies. Use sus manos, sus labios, su lengua y/o el aliento de su respiración. Concéntrese sólo en lo que usted experimenta cuando toca el cuerpo y la piel de ella.

Mientas tanto, la mujer prestará atención a las sensaciones que sienta cuando él la acaricia. No deje que su mente divague. No piense en nada más. No se preocupe de si él se va a cansar o si está disfrutando o cualquier otra cosa. Sea "egoísta" y concéntrese en sus sensaciones. Permítase sentir todo. Comuníquese con él y hágale saber dónde desea usted que la toque, y cómo y dónde sus caricias ejercen el mejor efecto. Permítale que conozca si su contacto es demasiado ligero o pesado o si va demasiado a prisa. Trate de identificar aquellas áreas de su cuerpo que son especialmente sensibles o responsivas.

Cuando ambos se hayan cansado de este ejercicio, la mujer se volverá boca arriba de manera que el hombre le pueda acariciar por delante. Comience por la cara, el cuello y baje hasta la punta de los pies. Pero en esta primera vez no le acaricie los pezones ni los órganos genitales (clítoris y vagina). Igual que antes, tienen ambos que concentrarse sólo en lo que sienten cuando acarician y son acariciados. Deténganse cuando el ejercicio se haga fatigoso para cualquiera de los dos, y cambien de roles.

Es importante que no tengan relaciones sexuales, aunque alguno de los dos o ambos se sientan estimulados a hacerlo.

Si la experiencia tiene éxito (en el sentido de que la pareja goza y gana cada vez mayor placer y sensibilidad) y si ninguno de los dos se siente tenso, se repite el ejercicio incluyendo ahora la estimulación genital (Kaplan, 1978).

En la estimulación genital el hombre toca suavemente los pezones, el área clitorídea y la entrada vaginal, advirtiéndole que tenga cuidado de no caer en un tipo de estimulación exigente y orientada hacia el orgasmo. Las mujeres varían en cuanto al tipo de estimulación que prefieren, por lo que se les anima a expresar sus preferencias específicas y a utilizar sus dedos y/o labios en la estimulación genital, según su sistema de valores y preferencias. Este juego genital debe ser realizado de manera tierna, suave y lenta, y siempre bajo la dirección de instrucciones verbales y no verbales de la mujer (Kaplan, 1978).

b) Entrenamiento en masturbación

Debido a que la presencia de una "audiencia" ejerce un efecto inhibitorio importante en muchas mujeres, es común que la estrategia terapéutica para que éstas alcancen su primer orgasmo apunte a la autoestimulación (Kaplan, 1978).

LoPiccolo y Lobitz (1972) fueron los primeros en diseñar un programa de entrenamiento en masturbación y reportar su éxito en mujeres anorgásmicas. Revisiones posteriores han permitido conocer diversos estudios que han constatado la eficacia del entrenamiento guiado en masturbación –aunque casi exclusivamente en mujeres con trastorno orgásmico primario-, ya sea en sesiones individuales, en parejas, con apoyo de vídeos, vibradores u otros (Labrador & Crespo, 2001; Meston & Frohlich, 2001; González & Lacera, 2007).

El que la masturbación resulte tan efectiva para pacientes con dificultades para alcanzar el orgasmo se debe a diversas razones (muchas de ellas abordadas en el capítulo anterior de este mismo documento): en primer lugar, al tratarse de una actividad autoerótica, generaría menos ansiedad de rendimiento ante la evaluación de otro; luego, al estar la naturaleza e intensidad de la estimulación bajo el control de la mujer, ésta puede regularla según sus impulsos; y finalmente, vía masturbación las mujeres aprenden a dirigir su atención a sus propias sensaciones físicas y sentimientos sexuales, lo que aumenta su excitación (Andersen, 1983).

Al prescribir la masturbación, LoPiccolo y Lobitz (1972) diseñaron un programa de nueve pasos. Brevemente, éstos son:

> Paso 1: la mujer examina visualmente sus genitales con la ayuda de un espejo y de diagramas.
>
> Pasos 2: la mujer explora sus genitales con el tacto para, Paso 3, localizar las áreas sensitivas y placenteras.
>
> Pasos 4: la mujer aprende a estimular intensamente estas áreas mientras usa fotos, literatura explícita y fantasías eróticas para aumentar la excitación. También, Paso 5, se le enseña a denominar las respuestas fisiológicas como excitación sexual y placer, en vez de otros estados tales como ansiedad, tensión o malestar.
>
> Paso 6: si aún no ha alcanzado el orgasmo, la mujer se masturba con un vibrador.
>
> Paso 7: la pareja de la paciente observa a la mujer mientras se masturba para aprender qué es efectivo para ella.
>
> Paso 8: la pareja de la paciente aprende a tocarla para que tenga un orgasmo
>
> Paso 9: éstas caricias se acompañan de coito.

c) Estimulación clitorídea y coito combinados

Una de las tácticas más útiles para promover el orgasmo durante el coito combina la estimulación clitorídea directa con el alojamiento del pene en la vagina. Para lograr esto, el hombre puede estimular el clítoris de su compañera mientras realiza los movimientos rítmicos del coito o también se puede realizar un proceso de autoestimulación durante el coito, tal y como muestra el Cuadro 12. Este último método tiene la ventaja, en comparación con la estimulación manual por el varón, de que evita en las mujeres la idea de que el hombre se esté aburriendo y ofrece al varón una imagen que por sí misma es muy excitante (Kaplan, 1978). Una tercera alternativa para combinar la estimulación clitorídea con el alojamiento del pene en la vagina es aquella conocida como la técnica de alineación coital.

d) Técnica de alineación coital (Coital Alignment Technique, CAT)

El CAT es básicamente una revisión de la posición del misionero, con el hombre en la parte superior y cara a cara con su pareja. Lo que es diferente es que el hombre se sitúa en un ángulo más alto de lo habitual, imprimiendo presión sobre el clítoris de la mujer, mientras él entra y vuelve a entrar en ella en respuesta a sus movimientos pélvicos. La clave del éxito de esta técnica consiste en que el hombre no realice el típico movimiento de bombeo del pene de afuera hacia adentro, sino que ejerza presión y contrapresión con el pene sobre el clítoris, a partir de movimientos ascendentes y descendentes. Esta técnica, diseñada para favorecer el aumento de la excitación y el orgasmo en la mujer, trata de conseguir una postura en la que sea fácil estimular la zona del clítoris (por el hombre) mientras se produce la penetración (Labrador & Crespo, 2001; Althof et al, 2005).

e) Desensibilización sistemática

Los pioneros en aplicar esta técnica para tratar problemas sexuales (especialmente aquéllos de índole aversivos) fueron Wolpe en el año 1958 y Lazarus en 1963, y después de ellos varios autores continuaron haciéndolo por años. Lo que buscaban, a partir de la desensibilización sistemática, era disminuir la ansiedad –o directamente aversión- que muchas mujeres sentían frente a diversos temas sexuales (Meston & Frohlich, 2001: González & Lacera, 2007), y para eso diseñaron un procedimiento que involucra básicamente cuatro componentes:

- Primero, la paciente es entrenada en ejercicios de relajación.
- Segundo, una lista de estímulos o situaciones sexuales específicas que generan ansiedad se construye con la paciente y se jerarquiza.
- Tercero, la paciente, en un estado de profunda relajación, enfrenta esas situaciones -sea vía imaginería u observando vídeos, desasociándolos a la ansiedad que antes le generaban.

- Cuarto, la paciente es instruida para enfrentar las situaciones en la vida real y evidenciar cómo esos estímulos han perdido sus propiedades ansiógenas (Andersen, 1983).

Ejercitación antes y durante la relación sexual:

En las terapias sexuales, es común que se recomiende a las pacientes ejercitar y desarrollar el músculo pubococcígeo a través de los llamados "Ejercicios de Kegel" –los que también se usan para manejar problemas de incontinencia urinaria- ya que, como revisamos anteriormente, el estado de este músculo sería determinante para el grado de excitación que alcance la mujer y el logro del orgasmo (Graziottin, 2000; Manzo et al, 2004; Meston, 2004; González & Lacera, 2007; Lo, 2009; Lowenstein, 2010).

El procedimiento es muy simple y consiste en contraer y soltar el músculo pubococcígeo 10 veces seguidas en 6 momentos diferentes del día (durante la micción). Luego de una semana de realizar dichos ejercicios, se aumentará a 20 el número de prácticas en 6 momentos diferentes, y el ejercicio no se realizará sólo durante la micción si no en cualquier otro momento del día, para favorecer así su generalización y automatismo. Durante las siguientes semanas se irán aumentando en 5 cada vez el número de ejercicios a realizar en cada uno de los 6 momentos destinados a ello (Escudero, 2005).

Adicionalmente, durante la relación sexual, existen movimientos que ayudan a gatillar la respuesta orgásmica (sobretodo cuando ésta nunca se ha experimentado). Estos movimientos tienden a ocurrir en forma espontánea e involuntaria durante el orgasmo, pero también pueden prescribirse para ser realizados de manera voluntaria y favorecer, así, el desencadenamiento del reflejo. Entre estos movimientos se incluyen: estirar la punta de los pies, tensionar los músculos del muslo, mantener la respiración, empujar el diafragma y tirar la cabeza hacia atrás (LoPiccolo & LoPiccolo, 1978).

Finalmente... Un asunto de pareja

Parece existir suficiente acuerdo de que el éxito del tratamiento sexual depende, en gran medida, de cómo lo acepta o colabora la pareja (Labrador & Crespo, 2001: González & Lacera, 2007), llegando ésta incluso a actuar como co-terapeuta si su actitud es no culpabilizadora y comprometida con el éxito del proceso (Alliende, 2009).

Ya en su tiempo LoPiccolo sostenía que todas las disfunciones sexuales eran desórdenes compartidos, siendo el esposo de una mujer que no tiene orgasmos parcialmente responsable de crear o mantener su disfunción. Ambos miembros de la pareja aparecen, entonces, como responsables por los futuros cambios y por la solución de sus problemas, aunque algunos pacientes resistirán la noción de responsabilidad mutua con bastante insistencia, en un intento por proteger su auto imagen como apto sexualmente o para mantener una posición de poder y control en su relación marital (LoPiccolo & LoPiccolo, 1978).

Según el autor, todos los procedimientos para desinhibir a una mujer, dependen finalmente de la habilidad de la pareja para responder de una manera positiva a la creciente respuesta sexual de ésta. No obstante ello, y a partir de su experiencia, LoPiccolo detectó que muchos hombres que decían apoyar el tratamiento sexual de sus mujeres, y en una aparente paradoja, se ponían negativos y aun hostiles a medida que sus mujeres mostraban avances en el tratamiento. Al consultarle sobre esto se reveló que temían que sus mujeres llegaran a ser promiscuas o muy demandantes sexualmente, y la reafirmación del terapeuta de que estos miedos eran normales, pero infundados, aliviaron la ansiedad (LoPiccolo & LoPiccolo, 1978).

Lucas y Cabello (2007) identifican tres formas típicas de la reacción de los hombres ante la anorgasmia de su pareja (las que hay que combatir durante la terapia):

-Hombres culpabilizadores: Aquellos que someten a altos niveles de tensión a sus parejas, devaluándolas o presionándolas para que se esfuercen más en ser sexualmente responsivas.

-Hombres adaptados: Aquellos que entienden o aceptan como normal el hecho que una mujer no alcance el orgasmo y que se habitúan a tener relaciones sexuales rápidas y poco frecuentes.

-Hombres inculpados: Aquellos que se sienten responsables de la sexualidad de la mujer y consideran que no tienen habilidades suficientes para provocarles un orgasmo a sus parejas.

Los miembros de la pareja configuran lo que el EIS ha llamado "sistema diádico", en el cual cada parte activa, inhibe, modifica y acentúa ciertos rasgos en el otro, de manera que con el tiempo van configurando ciertos rasgos estables en la relación, traducidos en potenciación o despotenciación interaccional, que configuran la personalidad diádica (Opazo, 2001).

El Sistema Diádico tenderá a defender la identidad de su Self y ejercerá un rol de resistencia al cambio que se esté intentando conseguir en la terapia. Así, si bien existen fuerzas que se irradian al sistema, existen también fuerzas muy potentes y la mayoría de las veces inconscientes para la pareja que tienden a frenar y detener la morfogénesis. Estas fuerzas son los mecanismos de equilibrio homeostático. Se podría decir, que la pareja "ya sabe" funcionar de cierta manera y aunque esta manera sea poco adaptativa y les provoque sufrimiento, es "la" manera que conocen, y probablemente, esta manera ha resultado funcional, en el sentido de que disminuye de cierta forma ansiedades, miedos, angustias, etc. Será el Self Diádico el que aportará con las fuerzas movilizadoras de cambios, y este mismo Self Diádico buscará resistir al cambio mediante sus dinamismos de mantención del equilibrio homeostático y su función de auto-organización (Bagladi, Opazo y Alliende en Nitsche, 2010).

Si dentro de las causas de la anorgasmia se identifican variables asociadas a la relación de pareja, puede ser adecuado el realizar una fase didáctica que explique el Modelo del Self Diádico para que los pacientes logren comprender mejor cómo funciona una relación de pareja y particularmente puedan ampliar el awareness sobre cuáles son las dinámicas que afectan su vida sexual. A veces el sólo hecho de comprender la causa de los problemas en la sexualidad de la pareja, como por ejemplo el que se les informe que el problema de anorgasmia o de disminución del deseo sexual se debía al efecto secundario de un medicamento o de un estresor externo, puede ser muy tranquilizador para la pareja que probablemente estaba atribuyendo causas distintas al problema como "ya no le atraigo", "ya no soy capaz de excitarla", etc. (Bagladi, Opazo y Alliende en Nitsche, 2010).

Cuando la disfunción sexual es irreversible o momentáneamente inmejorable (por ejemplo, por un medicamento que por el momento no se puede dejar) se deberá trabajar en el cómo la pareja asume la situación y cómo busca nuevas alternativas que puedan satisfacerlos (Bagladi, Opazo y Alliende en Nitsche, 2010).

V.
REFLEXIONES FINALES

El presente trabajo se planteó como objetivo describir comprensivamente y sistematizar las características centrales del Trastorno Orgásmico Femenino desde la mirada del Enfoque Integrativo Supraparadigmático (EIS).

Para lograr esto, se revisaron los modelos tradicionales y alternativos que describen la respuesta sexual humana; los primeros (herederos del trabajo de Masters & Johnson en la década de los 60 y de los aportes de Kaplan en los 70), que establecen fases consecutivas y enfatizan los cambios fisiológicos envueltos en ellas − y en base a las cuales se determinan hasta hoy los distintos trastornos sexuales de hombres y mujeres-; los segundos (sostenidos fundamentalmente en los planteamientos de Basson al iniciar el siglo 21), aportando una visión de patrones circulares que centran las necesidades de intimidad de la mujer como el motor (origen y meta) de su respuesta sexual y que incorporan la variable "satisfacción" para evaluar más integralmente la experiencia sexual.

Se analizaron, además, las discusiones históricas referidas al orgasmo femenino, que culminan en un aceptable acuerdo respecto al rol que la estimulación clitorídea juega en la consecución del clímax, y se abordaron las controversias que todavía generan ciertos hallazgos fisioanatómicos femeninos (multiorgasmia, estimulación del punto G) que, a la larga, se habrían configurado como normas que más que aportar a la satisfacción sexual de la mujer, plantean "estándares de calidad" que conspiran contra las propias definiciones de lo que es la sexualidad placentera.

Junto con esto, se repasaron los tipos de disfunciones sexuales femeninas, pero con el cuidado de entender que, aunque bien delimitadas en los manuales, éstas tienden a mezclarse y cohabitar con otros trastornos, lo que hace más difícil su diagnóstico y exige una comprensión integrativa de sus elementos desencadenantes y mantenedores. Se presentaron cifras de prevalencia en Chile y en otros países del mundo, cifras cuya discordancia (incluso en estudios realizados en un mismo país) revela metodologías de estudio suficientemente distintas como para hacer inviable la comparabilidad de los hallazgos. No obstante esto, la revisión de prevalencia permite visualizar a grandes rasgos que las disfunciones sexuales afectan a una parte importante de la población, aunque, entre éstas, el padecimiento de trastornos orgásmicos se hace difícil de determinar.

Finalmente se revisaron más de 120 publicaciones en medios especializados y de prensa y se sostuvo conversaciones con expertos, lo que permitió identificar una serie de variables que pueden explicar la etiología o mantención de los trastornos sexuales, y –en algunos casos- del Trastorno Orgásmico Femenino. Se hizo un especial esfuerzo por recoger información que tuviera validez científica, y se señaló cuando dicho respaldo era inexistente o insuficiente. Estas variables se describieron en base a los seis paradigmas que forman parte del EIS: biológico, ambiental-conductual, cognitivo, afectivo, inconsciente y sistémico.

Ahora bien, es importante incorporar una reflexión final acerca de la forma en que la anorgasmia femenina puede afectar el Self de una mujer, especialmente en lo que respecta a tres de sus funciones claves:

Función de Toma de Consciencia

Un estudio realizado por Fuentes (2010), con 55 mujeres con trastorno orgásmico atendidas en el Instituto Chileno de Psicoterapia Integrativa (ICPSI), arrojó que sólo 5 de ellas (correspondientes al 9,1%) aludieron como motivo de consulta el padecer problemas de índole sexual y el resto sólo los abordaron cuando se les pidió dirigidamente que evaluaran su vida sexual (aún cuando ésta no constituyera motivo de preocupación o consulta). Esto nos habla de una dificultad en las mujeres de "ver" de manera integral los problemas que las aquejan, y de relegar la sexualidad a un lugar secundario en sus vidas (aún cuando su discurso explícito sea que le adjudican "mucha importancia" al tema). Da la sensación de que para muchas mujeres el vivir con trastorno orgásmico es "un dato de la causa", que incluso pasa inadvertido frente a los "temas importantes" de la vida: la familia, el trabajo, la prosperidad académica, económica y social. Ni siquiera la centralidad que para las mujeres tiene la vida en pareja les permite a veces tener "conciencia de enfermedad" cuando el sexo no marcha bien, probablemente porque la suposición es que "el amor todo lo cura", o bien, "el tener una pareja todo lo vale".

Además de poseer poca capacidad para ver cuan saludable y placentera está siendo la propia vida sexual, es muy probable que las pacientes tengan dificultad en observar en distintas direcciones a la hora de buscar qué puede estar causando sus problemas, lo que les genera una suerte de ceguera ante los impactos de la propia historia, educación, formas de ser, entorno o incluso de la eficacia o ineficacia de las "técnicas" sexuales que usa con su pareja; y terminen concentrándose en sólo algunos de estos factores (los más externos, si la capacidad de introspección es pobre).

Más allá que algunas mujeres se definan a si mismas como "enfrentadoras", hay que entender que muchas veces esa capacidad de enfrentar se despliega en ciertas áreas (laboral, familiar, incluso de pareja), pero no necesariamente se hace extensiva a la sexualidad, ámbito del que muchas mujeres ni siquiera saben cómo hablar ni tiene referentes que les permitan identificar cuando es necesario "enfrentar". Además, tanto la persona individual como la pareja, pueden reflexionar en torno a la díada de forma más reactiva o más pro-activa, más realista o más distorsionada, más confrontativa o más evitativa (Bagladi, 2008). Es decir, pueden existir distintos niveles en relación a cuánto se preguntan, evalúan o reflexionan acerca de cómo están como pareja, considerando lo que a ambos les pasa y sienten en el ámbito de la sexualidad. Las alteraciones en esta función implicará muy probablemente una pobre tendencia a "hacerse cargo" del problema, luchando por lo que se quiere lograr en todas las dimensiones de la pareja y, entre ellas, en cuanto a la satisfacción sexual.

Función de Identidad

La función de identidad busca responder a preguntas como "¿quién soy?" y "¿cómo soy?". No sería extraño que muchas mujeres con dificultades para sentir placer en sus relaciones sexuales lleguen a autodefinirse como "asexuadas" o "falladas de nacimiento", clasificándose como parte de un grupo distinto pero en realidad inexistente (o que sólo existe para un pequeño porcentaje de la población mundial con alteraciones genéticas), que les otorga una explicación razonablemente útil para asimilar su problema como parte de su identidad. Este "aceptarse como son", es decir, "asexuadas", o "falladas", es en realidad una forma tramposa que esconde justamente la no aceptación de quiénes son en realidad, de las necesidades sexuales que tienen (pocas o muchas, intensas o leves), de las dificultades sexuales que enfrentan, de los problemas que pueden estarlas causando y de los esfuerzos que habría que desplegar para superarlas.

Y no será un camino tramposo sólo para ellas, sino que habrá hombres que aceptarán esta autodefinición, sin cuestionarla de raíz sino sólo manifestando malestar crónico y adaptando sus conductas sexuales a eso (coito rápido, orientado a la propia satisfacción –ya que la de ella "no es posible", o a partir de encuentros sexuales fuera de la pareja) y, juntos, harán de ella un componente de la identidad diádica. Una identidad que se conforma con ser "cómo es" y que no se plantea "cómo quiere y puede llegar a ser", o por el contrario, entrampada en el "para siempre" y que se le olvida el "hoy" de la vida conyugal (Alliende, 2009). Por esta razón, es que en el diagnóstico integrativo de los trastornos sexuales es indispensable –cuando la paciente tiene pareja estable-, indagar la calidad de la "autoimagen diádica", la "autoestima diádica" y la "autoeficacia diádica" (Alliende, Bagladi y Opazo en Nitsche, 2010).

Función de Significación

Si hay algo en que las diferentes secciones de este trabajo concuerdan, es en la forma en que las socializaciones de las mujeres respecto al sexo conspiran a la hora de vivirla de manera libre y saludable. Los mitos o creencias subyacentes, de los cuales muchas mujeres ni siquiera son conscientes porque provienen de socializaciones tempranas (y aquí entra nuevamente la función de Toma de Consciencia en juego) corroen el entendimiento de su propio derecho al placer y a buscar ese placer. Además de la significación que las mujeres le otorgan al sexo y a ciertas conductas sexuales (que califican como buenas o malas, correctas o incorrectas, sanas o enfermas, decentes o indecentes), y que sólo contribuyen a ponerlas tensas durante las relaciones sexuales y a rigidizar y estrechar sus posibilidades de acceder al placer, está también la forma en que las mujeres pueden significar la propia disfunción sexual (si es que superan la tendencia a "no verla").

Ante el escenario de que el problema sexual se haga evidente, habrá mujeres que lo atribuyan a la desidia de la pareja (aumentando sus sentimientos de soledad y rabia), habrá quienes lo atribuyan a sus propias incapacidades (afectando su sentido de autoeficacia y nuevamente su Identidad), habrá quienes lo atribuyan a la falta de amor (sosteniéndose en la idea de que si no hay orgasmo es porque tal vez no aman lo suficiente a sus parejas), habrá quienes lo signifiquen como una falta grave a los deberes que como esposa están obligadas a cumplir y habrá quienes lo signifiquen como un problema menor al que, si se le diera mucha importancia, hablaría mal de sí mismas y de la "fortaleza intrínseca" de la pareja más allá de lo mundano. Lo cierto es que muy pocas mujeres parecen ver espontáneamente en un trastorno sexual una oportunidad para reconectarse consigo mismas y/o con su pareja, y crecer en la capacidad de significar las cosas de manera más objetiva, justa y equitativa.

Si a esto se suma el que el sistema diádico se potencie para significar de manera poco racional ciertos hechos ("las buenas parejas no tiene problemas sexuales", "la prioridad son los hijos, luego la pareja", "si me quieres de verdad debieras disfrutar el sexo", "lo importantes es que el hombre esté contento", "el que la mujer goce mucho el sexo es sospechoso", "si mi mujer necesita autoestimularse, es porque no se excita conmigo", etc.), o el que no reacomode ciertas significaciones a las nuevas realidades que se van presentando, configurará su propia fuente de frustraciones y conflictos. Y mientras estas significaciones no se expliciten para poder entender qué le pasa al otro, cuáles son sus expectativas y así poder llegar a acuerdos, los conflictos y frustraciones aparecerán una y otra vez (Alliende, Bagladi y Opazo en Nitsche, 2010).

El siguiente cuadro resume las tres funciones del Self que más alteradas podrían verse en mujeres con trastorno orgásmico:

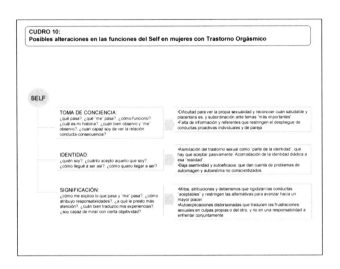

CUDRO 10:
Posibles alteraciones en las funciones del Self en mujeres con Trastorno Orgásmico

En general, respecto a la sexualidad y sus trastornos se ha escrito mucho y se han desarrollado enfoques de intervención bastante especializados. Sin embargo, cualquier psicólogo –más allá de su área de especialización- debiera incorporar como elemento a considerar y, potencialmente, a trabajar la corporalidad y la sexualidad humana.

Este trabajo nos sugiere que son pocos los casos en que la anorgasmia tiene "vida propia", en términos de ser un trastorno específico que surge y se mantiene sin ser alimentado por otros factores que, directa o indirectamente, ejercen su efecto. Hablar de trastorno orgásmico cuando lo que en realidad está afectado es la capacidad de fantasear, de desear, de conocerse y conocer los caminos para el placer propio y del otro, de buscar eficazmente la excitación y de abandonarse a la experiencia erótica, no tiene sentido. Porque cuando estos factores fallan no es anorgasmia lo que enfrentan las mujeres, sino frustración e insatisfacción sexual. Por eso la primera aproximación a los trastornos sexuales (tanto al trastorno orgásmico como a cualquier otro) debiera ser comprendiendo integralmente la sexualidad, en una cadena cuyos eslabones preparan y sostienen al siguiente, pero que a la vez se funden a lo largo de la experiencia total.

VI.
REFERENCIAS BIBLIOGRÁFICAS

1.   Abu Ali, R.M., Al Hajeri, R.M., Khader, Y.S., Shegem, N.S. y Ajlouni, K.M. (2008). Artículo: *Sexual dysfunction in jordanian diabetic women*. En: Diabetes care, Vol. 31, No. 8, pp. 1580-1581.

2.   Andersen, B. (1983). Artículo: *Primary Orgasmic Dysfunction: Diagnostic Considerations and Review of Treatment*. En: Psychological Bulletin, Vol. 93, No. 1, pp. 105-136.

3.   Alexander, M. y Rosen, R. (2008). Artículo: *Spinal Cord Injuries and Orgasm: A Review*. En: Journal of Sex & Marital Therapy, Vol. 34, pp. 308–324, Universidad de Alabama.

4.   Alfonso, V. C., Allison, D. B., & Dunn, G. M. (1992). Artículo: *Sexual fantasies and satisfaction: a multidimensional analysis of gender differences*. En: Journal of Psychology and Human Sexuality, Vol. 5, pp. 19–37.

5.   Aliaga, P. (2005). Entrevista en El Mercurio.

6.   Aliaga, P., Ahumada, S. y Marfull, M. (2003). Artículo: *Violencia hacia la mujer: un problema de todos*. En: Revista Chilena de Obstetricia y Ginecología, Vol. 68, No. 1, pp. 75-78.

7.   Aliaga, P., Ahumada, S. Villagrán, O., Santamaría, M.R., Manzor, S., Rojas, O. (2000). Artículo: *Disfunciones sexuales: asistencia clínica y factores asociados en ginecología*. En: Revista Chilena de Obstetricia y Ginecología, Vol. 65, No. 6, pp. 444-452.

8.   Alliende, F. (2009). *Terapia Sexual Integrativa*. Conferencia presentada en la versión 2008-2009 del Magíster de Psicología Clínica, con mención en Psicoterapia Integrativa, ICPSI-UAI, Santiago.

9.   Alliende, F. (2009). *Psicoterapia Integrativa en Problemas Sexuales.* Conferencia presentada en el Taller de Actualización en Psicoterapia Integrativa, Enero 2009, Santiago.

10. Althof, S.; Leiblum, S., Chevret-Measson, M.,Hartmann, U., Levine, S., McCabe, M., Plaut, M., Rodrigues, O. y Wylie, K. (2005). Artículo: *Psychological and Interpersonal Dimensions of Sexual Function and Dysfunction.* En: Journal of Sexual Medicine, Vol. 2, pp. 793–800

11. American Psychiatric Association (2002). *Manual de Diagnóstico y Estadístico de los Trastornos Mentales.* Barcelona: Masson.

12. Aslan, G., Aslan, D., Kizilyar, A., Ispahi, C. y Esen, A. (2005). Artículo: *A prospective analysis of sexual functions during pregnancy.* En: International Journal of Impotence Research. Vol. 17. No. 2, pp. 154-157.

13. Asociación Chilena de Estudios de Mercado, AIMChile. (2008). Grupos Socioeconómicos. Santiago.

14. Ávila, J.J., Pérez A., Olázabal, J.C., López, J. (2004) Artículo: *Disfunciones sexuales en el Alcoholismo.* En Adicciones, Vol. 16, No. 4. Universidad de Salamanca, Salamanca.

15. Bagladi, V. (2003). *Variables Inespecíficas en Psicoterapia y Psicoterapia Integrativa.* Tesis para optar al grado de Doctor en Psicología. Universidad de San Luis. Argentina.

16. Barrientos, J. y Páez, D. (2006). Artículo: *Psychosocial Variables of Sexual Satisfaction in Chile.* En: Journal of Sex & Marital Therapy, No. 32. pp. 351-368.

17. Basson R. (2000) Artículo: *The Female Sexual Response: A Different Model .* En: Journal of Sex & Marital Therapy, Vol. 26, No. 1, pp. 51-65.

18. Beck, A. (1990). *Con el amor no basta*. Barcelona: Paidós.

19. Benavente, M.C. y Vergara, C. (2006). *Sexualidad en hombres y mujeres, diversas miradas*, FLACSO, Stgo.

20. Ben-Shahar, T. (2008). Ganar Felicidad. Barcelona. RBA Libros.

21. Berg, H. (2004). Entrevista en www.emol.cl.

22. Berg, H. (2008). Entrevista en www.cambio21.cl.

23. Bianchi-Demicheli, F. y Ortigue, S. (2007). Artículo: *Toward an understanding of the cerebral substrates of woman's orgasm*. En: Neuropsychologia, Vol. 20, No. 45(12), pp. 2645-2659.

24. Birnbaum, G. y Laser-Brandt, D. (2002). Artículo: *Gender differences in the experience of heterosexual intercourse*. En: The Canadian Journal of Human Sexuality, Vol. 11, No. 3, pp. 143-158.

25. Blümel, J.E. (2009). Artículo: *Disfunción sexual en la mujer chilena*. En Medwave. Año IX, No. 10.

26. Blümel, J.E., Binfa, L., Cataldo, P., Carrasco, A., Izaguirre, H., Sarrá, S. (2004) Artículo: *Índice de función sexual femenina: un test para evaluar la sexualidad de la mujer*. En: Revista Chilena de Obstetricia y Ginecología, Vol. 69, No. 2.

27. Brody, S. (2007). Artículo: *Vaginal orgasm is associated with better psychological function*. En: Sexual and Relationship Therapy. Vol 22, No. 2.

28. Bronner, G., Royter, V., Korczyn, A., y Giladi, N. (2004). Artículo: *Sexual dysfunction in Parkinson's disease*. En: Journal of Sex & Marital Therapy, Vol. 30, pp. 95–105. Tel-Aviv.

29. Burri, A., Cherkas, L. y Spector, T. (2010). Artículo: *Genetic and Environmental Influences on self-reported G-Spots in Women: A Twin Study*. En: Journal of Sexual Medicine. Enero (a la fecha, sólo publicado en Internet).

30. Burri, A., Cherkas, L. y Spector, T. (2009). Artículo: *Emotional Intelligence and Its Association with Orgasmic Frequency in Women*. En: Journal of Sexual Medicine. Vol. 6 No. 7, pp. 1930 – 1937.

31. Butcher, J., Mineka, S. y Hooley, J. (2007). *Psicología clínica*. 12ª edición. Madrid. Pearson-Addison Wesley.

32. Byers, E.S. (2005). Artículo: *Relationship Satisfaction and Sexual Satisfaction: A Longitudinal Study of Individuals in Long-Term Relationships*. En: The Journal for Sex Research, Vol. 42, No. 2, pp. 113-118.

33. Cabello Santamaría, F. (2003). Artículo: *La sexología clínica al comienzo del siglo XXI*. Revista de Terapia Sexual y de Pareja, No. 17, pp. 53 – 68.

34. Castañeda, O., Flores, E., López del Castillo, D. y Cortés, h. () Artículo: *Prevalencia de anorgasmia en mujeres derechohabientes de la Unidad de Medicina Familiar núm. 1 de Ciudad Obregón, Sonora*. En: Ginecología y Obstetricia Mexicana, Vol. 73, No. 10, pp. 525-530.

35. Cavieres, A. (2008). Artículo: *Hiperprolactinemia y disfunción sexual en el primer episodio psicótico tratado con risperidona*. En: Revista Chilena de Neuro-Psiquiatría, Vol. 46, No. 2, pp. 107-114.

36.   Darling, C.A., Davidson, J., Jennings, D. (1991) Artículo: *The female sexual response revisited: understanding the multiorgasmic experience in women.* En: Archives of Sexual Behavior. Vol. 20, No. 6, pp. 527-540.

37.   Dides, C. (2006). *Voces en emergencia: el discurso conservador y la píldora del día después.* UNFPA y FLACSO, Stgo.

38.   Dolto, F. (2001). *Sexualidad femenina; la libido genital y su destino femenino.* Paris, Editorial Paidos.

39.   Duncan, L., Lewis, C., Jenkins, P. y Pearson, T. (2000). Artículo: *Does hypertension and its pharmacotherapy effect the quality of sexual function in women?* En: *American Journal* of Hipertensión, No. 13, pp. 640-647.

40.   Dunn, K., Cherkas, L. y Spector, T. (2005). Artículo: *Gen etic influences on variation in female orgasmic function: a twin study.* En: Biology Letters, Vol. 1, No.3, pp. 260-263. Londres.

41.   Durex (2007). *Informe Durex sobre Bienestar Sexual – GSWS 2007/08.* Madrid.

42.   Erol, B., Sanli, O., Korkmaz, D., Seyhan, A., Akman, T. y Kadioglu, A. (2007). Artículo: *A cross-sectional study of female sexual function and dysfunction during pregnancy.* En: The Journal of Sexual Medicine, Vol. 5, No. 5, pp. 1381-1387.

43.   Eschler, L. (2004). Artículo: *Prize Essay: The physiology of the female orgasm as a proximate mechanism.* En: Sexualities, Evolution & Gender, 6.2-3, pp.171-194. Londres.

44.   Escudero, S. (2005). Artículo: *Programa de prevención de disfunciones sexuales.* En: Revista Profesional Española de Terapia Cognitivo-Conductual, Vol. 3, pp. 94-139.

45. Figueroa, J. (2010). Entrevista personal.

46. Fobair, P. y Spiegel, D. (2009) Artículo: *Concerns about sexuality after breast cancer.* En: Cancer Journal, Vol. 15, No. 1, pp. 19-26.

47. Freud, S. (1973). *Tres ensayos sobre una teoría sexual.* Ed. Biblioteca Nueva. Tercera edición. Madrid.

48. Fuentes, M. (2010). *El trastorno orgásmico primario desde el punto de vista supraparadigmático; variables de origen, mantención y cambio y comportamiento en escalas FECI.* Tesis para Optar a Grado de Magíster en Psicología Clínica, ICPSI/UAI. Santiago.

49. Fujii, A., Yasui-Furukori, N., Sugawara, N., Sato, Y., Nakagami, T., Saito, M. y Kaneko, S. (2010). Artículo: *Sexual dysfunction in Japanese patients with schizophrenia treated with antipsychotics.* En: Progress in Neuro-Psychopharmacol & Biological Psychiatry, vol. 34, No. 2, pp. 288-293.

50. García, S., Aponte, H. y Socorro, P. (2005). Artículo: *Diagnóstico de la disfunción sexual femenina y su correlación con el perfil hormonal en la población femenina que consulta a los servicios de urología, ginecología y personal femenino del hospital de San José, en Bogotá, Colombia.* En: Urología Colombiana.

51. Georgiadis, J., Kortekaas, R., Kuipers, R., Nieuwenburg, A., Pruim, J., Reinders, S., y Holstege, G. (2006). Artículo: *Regional cerebral blood flow changes associated with clitorally induced orgasm in healthy women.* En: European Journal of Neuroscience, Vol. 24, pp. 3305–3316.

52. Goleman, D. (1996). *La inteligencia emocional.* Buenos Aires: Javier Vergara Editor S.A.

53.   Gonzáles, J.M. y Lacera, N. (2007). *Terapia Sexual en el Tercer Milenio.* Imcolibros, Barranquilla.

54.   González, M. (2009) Artículo: *Biomedicación: Redefiniciones tecnocientíficas de la sexualidad femenina.* En Ensayos sobre Bioética. Ediciones Universidad de Salamanca, Salamanca.

55.   Goodwach, R. (2005). Artículo: *Sex therapy: historical evolution, current practice. Part I.* En: ANZJKT, Vol. 26, No. 3, pp. 155-164.

56.   Graziottin, A. (2000). Artículo: *Base biológica de la sexualidad femenina.* En Revista de Toxicomanías, No. 23. Barcelona.

57.   Hernández, R; Fernández, C. & Baptista, P. (1998). *Metodología de la Investigación.* México: McGraw Hill.

58.   Handa, V.L., Cundiff, G., Chang, H.H. y Helzlsouer, K.J. (2008). Artículo: *Female sexual function and pelvic floor disorders.* En: Obstetrics & Gynecology, Vol. 111, no. 5, pp. 1045-1052.

59.   Haning, R.V., O'Keefe, S.L., Randall, E.J., Kommor, M.J., Baker, E. y Wilson, R. (2007). Artículo: *Intimacy, orgasm likelihood, and conflict predict sexual satisfaction in heterosexual male and female respondents.* En: Journal of Sex & Marital Therapy, Vol. 33, No. 2, pp. 93-113.

60.   Harden. C.L. (2005). Artículo: *Sexuality in women with epilepsy.* En: Epilepsy & behavior. Vol. 7, No. 2:S, pp. 2-6.

61.   Hines, T.M. (20019. Artículo: *The G-spot: a modern gynecologic myth.* En: American Journal of Obstretics and Gynecology, Vol. 185 No. 2, pp. 359-362.

62.   Hite, S. (1976). *El informe Hite. Estudio de la sexualidad femenina.*

63. Jannini, E.A., Whipple, B., Kingsberg, S.A., Buisson, O. Foldés, P. y Vardi, Y. (2010). Artículo: *Who's afraid of the G-spot?* En: The Journal of Sexual Medicine, Vol. 7 No. 1, pp. 25-34.

64. Jarpa, R. (2009). Entrevistas en La Nación Domingo y Emol.

65. Kamei, L. y Kamei, J (2005). Artículo: *Estudio de prevalencia de los trastornos de la sexualidad en mujeres que asisten a consultorio externo de gineco-obstetricia de Hospital La Serena.* En Revista Chilena de Urología Vol. 70, No. 4, pp. 231 -235.

66. Kaplan, H. S. (1978). *La nueva terapia sexual.* Madrid, Alianza Editorial.

67. Kelly, M.; Strassberg, D. y Kircher J. (1990) Artículo: *Attitudinal and experiential correlates of anorgasmia.* Archives of Sexual Behaviour, Vol. 19, pp. 165–177.

68. Kinsey, A. (1953). *Sexual Behavior in the Human Female.* Pocketbooks.

69. Kinzl, J.F., Traweger, C. y Biebl, W. (1995). Artículo: *Sexual dysfunctions: relationship to childhood sexual abuse and early family experiences in a nonclinical sample.* En: Child Abuse & Neglect, Vol. 19, No. 7, pp. 785-792.

70. Koedt, A. (1968). Artículo: *El mito del orgasmo vaginal.* En: Notes from the First Year, New York Radical Feminists. Nueva York.

71. Kratochvíl, S. (1993) Artículo: *Multiple orgasms in women.* En: Ceskoslovenská psychiatrie, Vol. 89, No. 6, pp. 349-354.

72. Kushner, D. (2010). Entrevista personal.

73. Labrador, F. J. y Crespo, M. (2001). Artículo: *Tratamientos psicológicos eficaces para las disfunciones sexuales*. En: Psicothema, Vol. 13, No. 3, pp. 428-441.

74. Lau, N. (2008). *"Repercusiones de la violencia familiar en la sexualidad femenina: un estudio exploratorio"*. En: VI Coloquio Nacional de la Red de Estudios de Género del Pacífico Mexicano.

75. Laumann, E.O., Paik, A, y Rosen, R,C. (1999) Artículo. *Sexual Dysfunction in the United States. Prevalence and Predictors*. En: JAMA, Vol. 281, pp. 537-44

76. Leite, A.P., Campos, A.A., Dias, A.R., Amed, A.M., De Souza, E. y Camano, L. (2009) Artículo: *Prevalence of sexual dysfunction during pregnancy*. En: Revista da Associacao Médica Brasileira, Vol. 55, No. 5, pp. 563-568.

77. Levin, R. (2004). Artículo: *An orgasm is... who defines what an orgasm is?* En: Sexual and Relationship Therapy, Vol. 19, No. 1, pp. 101-107.

78. Lewis, R., Fugl-Meyer, K., Bosch, R., Fugl-Meyer, A., Laumann, E., Lizza, E. y Martin-Morales, A. (2004). Artículo: *Epidemiology/Risk Factors of Sexual Dysfunction*. En: Journal of Sexual Medicine, Vol. 1, No. 1, pp. 35-39.

79. Liao, Q., Zhang, M., Geng, L., Wang, X., Song, X., Xia, P., Lu, T., Lu, M. y Liu, V. (2008). Artículo: *Efficacy and safety of alprostadil cream for the treatment of female sexual arousal disorder: a double-blind, placebo-controlled study in chinese population*. En: The Journal of Sex Medicine, Vol.5, No. 8, pp. 1923-1931.

80. Lightner, D (2002). Artículo: *Female sexual dysfunction*. En: Mayo Clinic Proceedings, Vol. 77, pp. 698-702.

81. Lindberg, M. (2007). *The Orgasmic Diet: boost your libido and achieve orgasm*. Piatkus Books, Londres.

82. Lloyd, E. (2005). *The case of the female orgasm. Bias in the Science of Evolution*. Harvard University Press. Boston.

83. Lo, S. (2009). Artículo: *Managing Female Sexual Dysfunction in the 21st Century*. En: Medical Bulletin, the Hong Kong Medical Diary, Vol. 14, No. 12, pp. 20-22.

84. LoPiccolo, J. y Lobitz, W.L. (1972). Artículo: *The role of masturbation in the treatment of orgasmic dysfunction*. En: Archives of Sexual Behavior , Vol. 3, pp. 585- 595.

85. Lopiccolo, J. y Lopiccolo, L. (1978). *Handbook of sex therapy*. Plenum Press, New York.

86. Lowenstein, L., Gruenwald, I., Gartman, I. y Vardi, Y. (2010). Artículo: *Can stronger pelvic muscle floor improve sexual function?* En: International Urogynecology Journal (en proceso de impresión).

87. Lucas, M. y Cabello, F. (2007). *Introducción a la sexología clínica*. Elsevier, Madrid.

88. Malagueña, G. (2006). Artículo: *Susurros femeninos. Apuntes sobre histeria y compromiso amoroso*. En: Revista Venezolana de Estudios de la Mujer, Vol.11, No.27, pp.107-118.

89. Manzo, C. y Yulis, C. (2004). Artículo: *Actualizaciones en Terapia Sexual*. En: Terapia Psicológica, Vol. 22, No. 2, pp. 193-203. Santiago.

90. Manzo, C., Carvajal, A., Olea, C.P. (2006). Artículo: *Implementación de un programa de terapia sexual en un grupo de mujeres con un cuadro depresivo leve y moderado y sintomatología ansiosa en comorbilidad a*

una disfunción sexual. En: Terapia Psicológica, Vol. 24, No. 2, pp. 161-168.

91. Mas, M. y Báez, D. (2007). Artículo: *Abordaje clínico de las disfunciones sexuales femeninas: perspectiva orgánica.* En Revista Internacional de Andrología, Vol. 5, No. 1, pp. 92-101. Tenerife.

92. Masters, W. y Johnson, V. (1967). *Respuesta Sexual Humana.* Editorial Intermédica.

93. Masters, W. y Johnson, V. (1970). *Insuficiencia Sexual Humana.* Editorial Intermédica.

94. Meston, C.M. y Frohlich, P. (2001). *Artículo: Update on female sexual function.* En: Current Opinion in Urology, Vol. 11, pp. 603-609.

95. Meston, C.M., Hull, E., Levin, R.J. y Sipski, M. (2004). Artículo: *Disorders of orgasm in women.* En: The Journal of Sexual Medicine, Vol. 1, No. 1, pp. 66-68.

96. Miočić, J., Car, N., Metelko, Ž (2008). Artículo: *Sexual dysfunction in women with diabetes mellitus.* En: Diabetologia Croatica, Vol. 32, No. 2, pp. 35-42. Sarajevo.

97. Moalem, S. y Reidenberg, J.S. (2009). Artículo: *Does female ejaculation serve an antimicrobial purpose?* En: Medical Hypotheses, Vol. 73, No. 6, pp. 1069-1071.

98. Modell, J., May, R y Katholi, C. (2000). Artículo: *Effects of bupropion-SR on orgasmic dysfunction in non depressed subjects: a pilot study.* Journal of Sex and Marital Therapy, No. 26, pp. 231 – 240.

99. Montejo, A.L. (2005). *Sexualidad y salud mental.* Editorial glosa, Barcelona.

100. Nietsche, P. (2010). Tesis para optar al Grado Académico de Magíster en Psicología Clínica Mención Psicoterapia Integrativa: *Psicoterapia Integrativa en Parejas desde el Enfoque Integrativo Supraparadigmático*, Santiago.

101. Nurnberg, H.G., Hensley, P.L., Heiman, J.R., Croft, H.A., Debattista, C. y Paine, S. (2008) Artículo: *Sildenafil treatment of women with antidepressant-associated sexual dysfunction: a randomized controlled trial*. En: JAMA (Journal of the American Medical Association), Vol. 300, No. 4, pp. 395-404.

102. Oelrich, P. (2006). Tesis de título: *Evaluación de la Función Sexual en Mujeres en Edad Reproductiva*. Universidad Austral de Chile, Valdivia.

103. Opazo, R. (2001). *Psicoterapia Integrativa: Delimitación Clínica*. Santiago, Chile: Ediciones ICPSI.

104. Opazo, R. y Bagladi, V. (2006). Artículo: La etiopatogenia de los trastornos de personalidad desde la psicoterapia integrativa. En: Psiquiatría.com, Revista Electrónica de Psiquiatría, Vol. 10, No. 1.

105. Organización Mundial de la Salud. (2007). *CIE-10*.

106. Ortega, V., Ojeda, P., Sutil, F. y Sierra, J.C. (2005). Artículo: *Culpabilidad sexual en adolescentes: Estudio de algunos factores relacionados*. En: Anales de Psicología, Vol. 21, No. 2, pp. 268-275.

107. Pasqualotto, E., Firmbach, F., Sobreiro, B. y Marmo, A. (2005). Artículo: *Female sexual dysfunction: the important points to remember*. En: Clinics. Vol. 60, No.1, pp. 51-60. Sao Paulo.

108. Politzer, P. y Weinstein, E. (2005). *Mujeres: la sexualidad secreta*. Madrid, Editorial Grijalbo.

109. Rabinerson, D. y Horowitz, E. (2007). Artículo: *G-Spot and female ejaculation: fiction or reality?* En: Harefuah, Vol. 146 No. 2, pp. 145-147, 163.

110. Rathus, S., Nevid, J. y Fichner-Rathus, L. (2005). *Sexualidad Humana.* Pearson / Prentice Hall, Madrid.

111. Rosen, R., Brown, C., Heiman, J., Leiblum, S. Meston, C, Shabsigh, R., Ferguson, D. y D'Agostino, R. (2000) Artículo: *The Female Sexual Function Index (FSFI): A Multidimensional Self-Report Instrument for the Assessment of Female Sexual Function.* En: Journal of Sex & Marital Therapy, Vol. 26, pp.191–208.

112. Rosenzvaig, R. (2008). *Amor y desamor en la pareja.* Santiago de Chile: Catalonia

113. Sanchez, C., Carreño, J., Martínez, s. y Gómez, M.E. (2005). Artículo: *Disfunciones sexuales femeninas y masculinas: comparación de género en una muestra de la ciudad de México.* En: Salud Mental, Vol. 28, no. 4, pp. 74-80.

114. Schroder, M., Nell, L., Hurteau, J., Collins, Y., Rotmensch, J., Waggoner, S., Yamada, D., Small, W. y Mundt, A. (2004). Artículo: *Clitoral therapy device for treatment of sexual dysfunction in irradiated cervical cancer patients.* En: International Journal of Radiation Oncology, Vol. 61, No. 4, pp. 1078-1086.

115. Shafik, A., Shafik I.A., El Sibai, O., Sharif, A.A. (2009). Artículo: *An electrophysiologic study of female ejaculation.* En: Journal of Sex & Marital Therapy. Vol. 35, No. 5, pp. 337-346.

116. Shulman, J. y Horne, S. (2006). Artículo: *Guilty or not? A path model of women's sexual force fantasies.* En: The Journal of Sex Research, Vol. 43, No. 4, pp. 368–377.

117. Sarquis, C. (1995). *Introducción al estudio de la pareja humana.* Santiago de Chile: Ediciones Universidad Católica de Chile.

118. Saso, L. (2002). Artículo: *Effects of drug abuse on sexual response.* En: Ann Ist Super Sanita, No. 38, pp. 289-296.

119. Sociedad Chilena de Climaterio, SOCHICLIM (2010). En www.climaterio.cl.

120. Tiefer, L., Hall, M. y Travis, C. (2002). Artículo: *Beyond Dysfunction: A New View of Women's Sexual Problems.* En: Journal of Sex & Marital Therapy, Vol. 28(s), pp. 225–232

121. Universidad de Chile (2001). *Detección y Análisis de la prevalencia de la violencia intrafamiliar.* Informe Final. Centro de Análisis de Políticas Públicas.

122. Urrutia, M.T, Araya, A., Villarroel, L. y Viñales, D. (2004) Artículo: *Características y evolución de la sexualidad en mujeres histerectomizadas.* En: Revista Chilena de Obstetricia y Ginecología. Vol. 69, No. 4, pp. 301-306.

123. W.A.S. (1999). *Declaración de los Derechos Sexuales.* Hong Kong.

124. Weeks, J. (1998). *Sexualidad.* Programa Universitario de Estudios de Género, Universidad Autónoma de México, México D.F.

125. Wiederman, M. (1996). Artículo: *Women, sex and food: a review of research on eating disorders and sexuality.* En: The Journal of Sex Research, Vol. 33, No. 4, pp. 301-311.

126. Wiederman, M. (2000). Artículo: *Women's body image self-consciousness during physical intimacy with a partner.* En: The Journal of Sex Research, Vol. 37, No. 1, pp. 60-68.

127. Zelená, V., Kuba, R., Pohanka, M., Soska, V. y Rektor, I. (2007) Artículo: *Sexual functions in women with focal epilepsy. A preliminary study.* En: Epileptic Disorders. Vol. 9, No. 1:S, pp. 83-92.

CPSIA information can be obtained at www.ICGtesting.com
Printed in the USA
LVOW12s2027150316

479273LV00001B/211/P

9 783847 353300